おうちでレッスン♪
いちばんやさしい
「子どものピアノ」

稲垣千章

PHP

・は・じ・め・に・

　この本は、ピアノを学びはじめたばかりの人でも、いろいろな曲をたのしくひけるようにつくりました。

　楽譜のページの右上にある★マークが多い曲ほどむずかしいので、さいしょは★がひとつの曲からはじめるのがいいでしょう。

　楽譜どおりにきちんとひくこともたいせつですが、じぶんのレベルにあわせて、楽譜やテンポ(はやさ)をかえて、ひきやすいようにひいてください。

　それでは、がんばって練習しましょう。

稲垣千章

保護者の方へ

　この楽譜集はバイエル初級〜終了程度の力で楽しく演奏できるように、クラシック、子どもの歌、アニメソング、ポピュラーソングなどの中から広く知られた曲を選んで、弾きやすくアレンジしたものです。楽譜どおりにキッチリ弾くのも大切ですが、子どもが自分で工夫して、自由に弾くのもいいでしょう。

- 難易度については★の数で表記しています。
  - ★☆☆ ………………… バイエル　初級〜中級程度
  - ★★☆ ………………… バイエル　中級程度
  - ★★★ ………………… バイエル　上級〜終了程度

- テンポについては、原曲のはやさを表記していますが、子どもが弾きやすいはやさで演奏してもいいでしょう。

- 楽譜の難易度を下げたい場合は、左手の和音を単音にするなどの工夫をしてあげてください(方法は楽譜の注釈にも記入してあります)。

- 楽譜内の指番号は一例です。弾きやすければ、違う指で弾いても問題ありません。

- 歌詞つきの曲については、繰り返し記号の関係で、メロディーと歌詞が多少一致しない部分がありますが、歌詞に合わせてメロディーを変えてもいいでしょう。左手を弾きながら歌う、両手奏で歌うなどの使い方もしてみてください。歌詞は基本的に1番のみをのせています。

- その他の使い方として、右手と左手を分けての連弾、他楽器(キーボードや鍵盤ハーモニカなど)とのアンサンブルでも楽しめます。

● も ● く ● じ ●

楽譜の読み方

1 ピアノの鍵盤と五線譜

ピアノの楽譜は、ト音記号とヘ音記号の2つの五線をならべた「大譜表」という楽譜になっています。ふつうは上の段を右手で、下の段を左手でひきます。白い鍵盤を「白鍵」、黒い鍵盤を「黒鍵」といい、黒鍵は、2つならんでいるところと3つならんでいるところが交互におかれています。

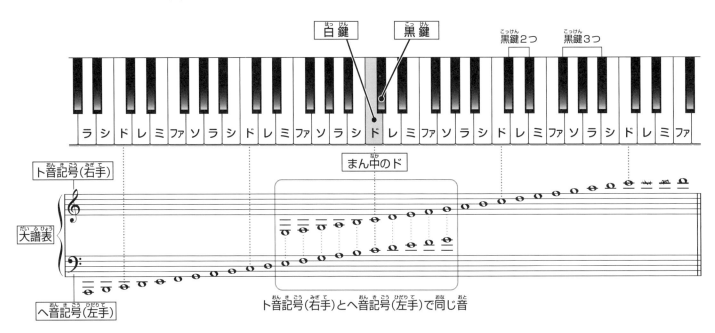

五線譜 各部分の名前

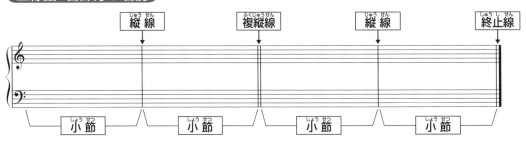

● 指番号について

どの音をどの指でひけばらくに演奏できるか、楽譜に番号で書いてあります。

この番号を「指番号」といい、右の図のように、右手、左手ともに、親指から順に「1・2・3・4・5」と番号がつけられています。

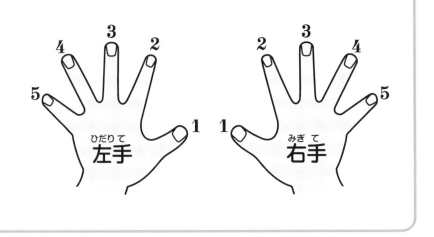

② 音符と休符の長さ

4分音符(4分休符)を1拍としたときの、いろいろな音符・休符の長さをくらべると、こうなります。

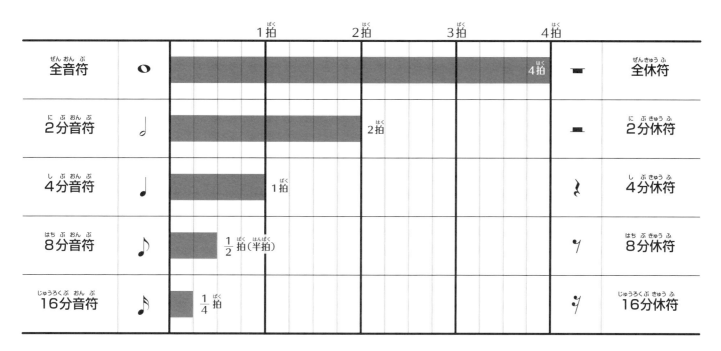

	1拍	2拍	3拍	4拍		
全音符	○	4拍				━ 全休符
2分音符	♩	2拍				━ 2分休符
4分音符	♩	1拍				ξ 4分休符
8分音符	♪	1/2拍(半拍)				７ 8分休符
16分音符	♬	1/4拍				７ 16分休符

● 付点音符と付点休符の長さ

横に小さな点がついた音符や休符があることに気づくと思います。この小さな点のことを「付点」といい、付点のついた音符や休符をそれぞれ「付点音符」「付点休符」といいます。

付点音符(休符)は元の音符(休符)に、その半分の長さの音符(休符)を足した長さになります。

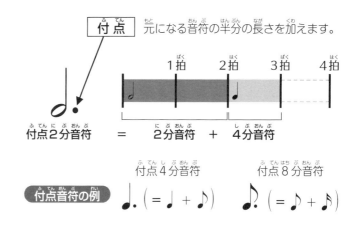

付点 元になる音符の半分の長さを加えます。

付点2分音符 ＝ 2分音符 ＋ 4分音符

付点音符の例 付点4分音符 ♩.(＝♩＋♪) 付点8分音符 ♪.(＝♪＋♬)

● 連符について

基本となる長さの音符を3等分、5等分、6等分……というふうにいくつかに分ける場合には「連符」を使います。

たとえば3等分する場合は「3連符」、5等分する場合は「5連符」と呼び、分ける数の数字を音符につけて書きます。

3連符
5連符
6連符

③ 臨時記号

臨時記号	読み方	意味
♯	シャープ	♯がついた音を半音上げます
♭	フラット	♭がついた音を半音下げます
♮	ナチュラル	♯や♭で変化した音を元の音にもどします

※臨時記号がついていたら、その小節のおわりまで、♯や♭がついた音で演奏します。

④ 拍子記号

曲を聴いたり演奏したりするとき、「1、2、3、4、1、2、3、4……」や「1、2、3、1、2、3……」などと、ある数までをくり返して数えることがあると思います。この数のくり返しのことを**「拍子」**といい、楽譜では**分数**で表します。

分母は「どの音符を1拍の単位とするか」、**分子**は「分母にした音符が1小節にいくつ分入るか」を表しています。

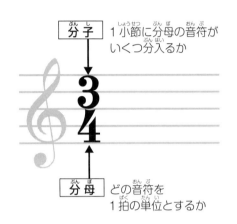

分子　1小節に分母の音符がいくつ分入るか

分母　どの音符を1拍の単位とするか

4分の4拍子
1小節に♩(4分音符)が4つ分入ります。

4分の3拍子
1小節に♩(4分音符)が3つ分入ります。

4分の2拍子
1小節に♩(4分音符)が2つ分入ります。

2分の2拍子
1小節に♩(2分音符)が2つ分入ります。

8分の6拍子
1小節に♪(8分音符)が6つ分入ります。

8分の9拍子
1小節に♪(8分音符)が9つ分入ります。

この楽譜集では下のように書きます。どちらも同じ意味です。

$$\frac{4}{4} \rightarrow \mathbf{C} \qquad \frac{2}{2} \rightarrow \mathbf{\mathcal{C}}$$

⑤ 強弱記号

	pp	*p*	*mp*	*mf*	*f*	*ff*	
弱い ←							→ 強い
	ピアニッシモ	ピアノ	メゾ・ピアノ（またはメッゾ・ピアノ）	メゾ・フォルテ（またはメッゾ・フォルテ）	フォルテ	フォルティッシモ	
	とても弱く	弱く	やや弱く	やや強く	強く	とても強く	

クレッシェンド　*cresc.*　だんだん強く

デクレッシェンド（ディミヌエンド）　*decresc.（dim.）*　だんだん弱く

⑥ ひき方を示す記号（奏法記号）

記号	読み方	意味	記号	読み方	意味
♩>	アクセント	その音を特に強く	（和音）	アルペジオ	和音を同時にひかず、下の音から上の音へ向かって順番にすばやく演奏する
♩・	スタッカート	その音を短く切る	♩‾	テヌート	すこし長くひく
♩◡♩	スラー	ちがう高さの音と音を切らずになめらかに演奏する	♩⌢	フェルマータ	その音を充分にのばす
♩◡♩	タイ	同じ高さの音をつなげる	*rit.*	リタルダンド	だんだん遅く
simile	シーミレ	同じようにひく	*poco a poco*	ポコアポコ	すこしずつ

⑦ 楽譜の進み方（くり返し記号）

記号	読み方	意味
‖: :‖	リピート記号	‖: と :‖ の間をくり返して演奏します。‖: がないときは曲の最初にもどります。
1. 2.	1カッコ、2カッコ	1回目は1カッコ（1.￣）の中を演奏します。くり返しのあとの2回目は1カッコを飛ばして2カッコ（2.￣）の中を演奏します。
D.C.	ダ・カーポ	*D.C.* のあるところから曲の最初にもどって演奏します。くり返しのあとフィーネ（*Fine*）があるときは、その小節で曲をおわります。
D.S.	ダル・セーニョ	*D.S.* のあるところからセーニョ記号（𝄋）のある小節までもどって演奏します。
to ⊕, ⊕ *Coda*	トゥ・コーダ、コーダ	くり返しのあと、*to* ⊕ のあるところから ⊕*Coda* まで飛んで演奏します。

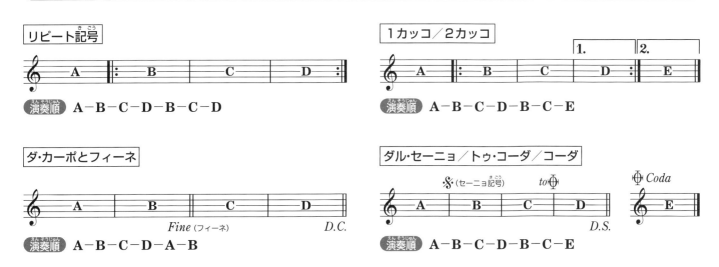

リピート記号
演奏順 A－B－C－D－B－C－D

1カッコ／2カッコ
演奏順 A－B－C－D－B－C－E

ダ・カーポとフィーネ
演奏順 A－B－C－D－A－B

ダル・セーニョ／トゥ・コーダ／コーダ
演奏順 A－B－C－D－B－C－E

8 曲のはやさの表し方

楽譜のさいしょに ♪＝60 のように音符と数字で書かれているのは、**メトロノーム記号**といって、その曲をひくときのおおよそのはやさを示しています。

たとえば ♪＝60 と書かれているときは、4分音符を1分間に60回打つはやさ、♪＝120 と書かれているときは、4分音符を1分間に120回打つはやさでひきます。練習のときはメトロノームという機械を使ってはやさを合わせるとよいでしょう。

また、メトロノーム記号ではやさを示すほかには、右のように、**言葉(速度標語)を使ってはやさを示す**こともあります。

メトロノーム

おそい

（♪＝60 以下）

（♪＝100 くらい）

（♪＝120 くらい）

（♪＝140 以上）

はやい

Largo (ラルゴ)	ゆるやかに、おそく
Lento (レント)	はば広く、ゆるやかに
Adagio (アダージョ)	ゆっくりと、しずかに
Andante (アンダンテ)	ゆっくり歩くようなはやさで
Andantino (アンダンティーノ)	アンダンテよりすこしはやめに
Moderato (モデラート)	中ぐらいのはやさで
Allegretto (アレグレット)	ややはやく
Allegro (アレグロ)	はやく
Vivace (ヴィヴァーチェ)	活発に、はやく
Presto (プレスト)	ひじょうにはやく

指くぐりと指こえ

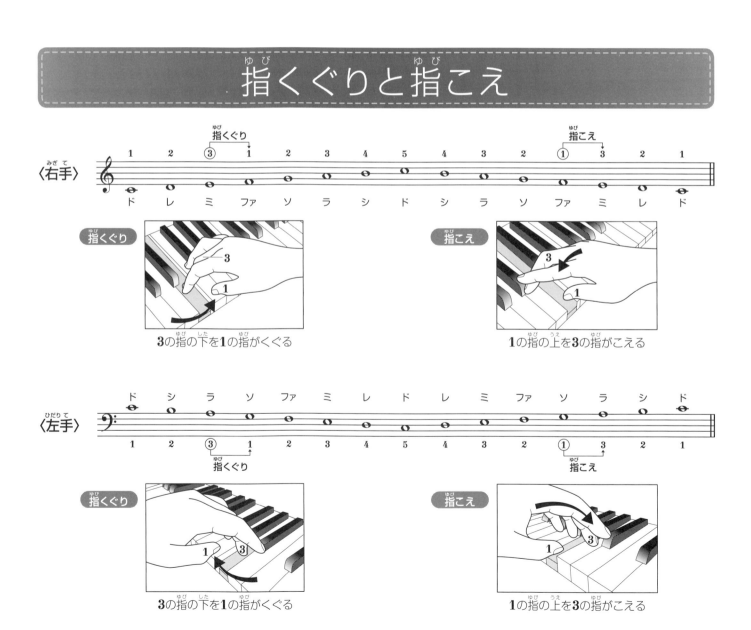

〈右手〉

指くぐり　指こえ

ド レ ミ ファ ソ ラ シ ド シ ラ ソ ファ ミ レ ド

指くぐり

3の指の下を1の指がくぐる

指こえ

1の指の上を3の指がこえる

〈左手〉

ド シ ラ ソ ファ ミ レ ド レ ミ ファ ソ ラ シ ド

指くぐり　指こえ

指くぐり

3の指の下を1の指がくぐる

指こえ

1の指の上を3の指がこえる

右手・左手・両手の練習（バイエルより）

● 右手の練習

鍵盤を打ったあと、指を上げるタイミングがとても大切です。次の指が鍵盤を打った瞬間に指を上げるようにしましょう。

●左手の練習

指の動きはいつもおなじはやさでなければいけません。はじめはゆっくりと練習して、なれてきたらはやくひいてみましょう。

リラックスして、鍵盤を強く打ちすぎないようにしましょう。すらすらとひけるようになるまで、何度もくり返し練習しましょう。

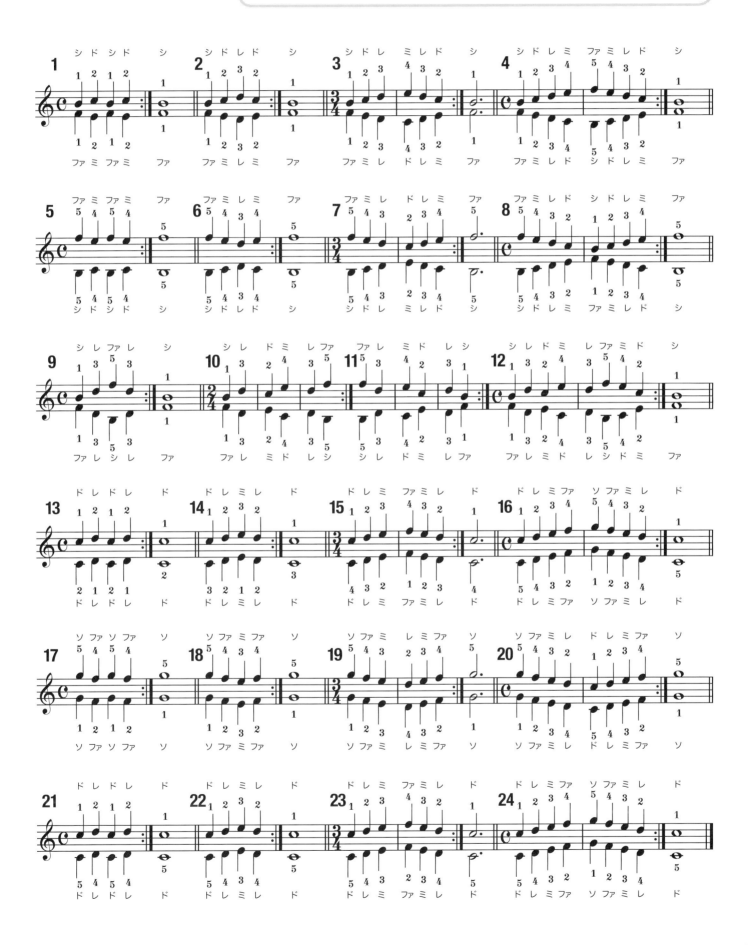

練習曲 ①

作曲：稲垣千章

● スタッカート（7ページ）を練習するためにつくった曲です。

演奏のポイント

● おなじリズムで、短く切ってひけるようにしましょう。ゆっくりからはじめて、だんだんはやくしていきましょう。

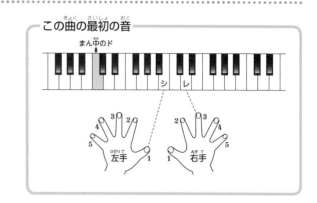

この曲の最初の音

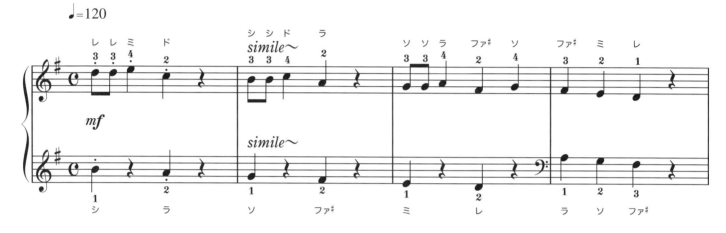

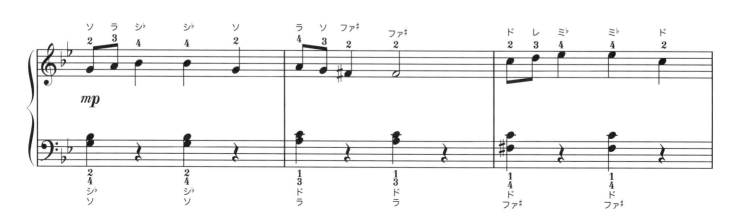

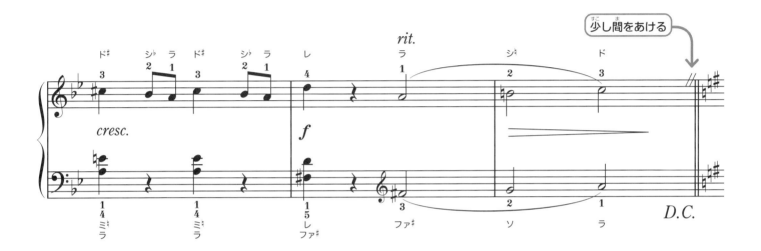

少し間をあける

練習曲②

作曲：稲垣千章

むずかしさ ★★★

- スラー（7ページ）と、指くぐり、指こえ（8ページ）を練習するためにつくった曲です。

演奏のポイント

- ゆっくり、かた手ずつ練習するとよいでしょう。指をジャンプさせて、とおくの鍵盤を打つところもありますので、しっかり練習しましょう。

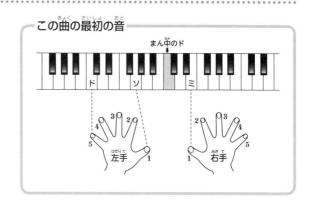

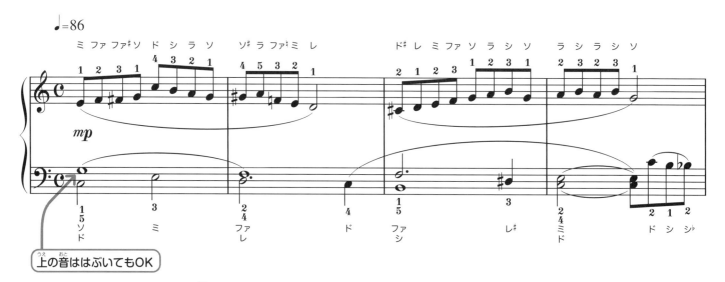

上の音ははぶいてもOK

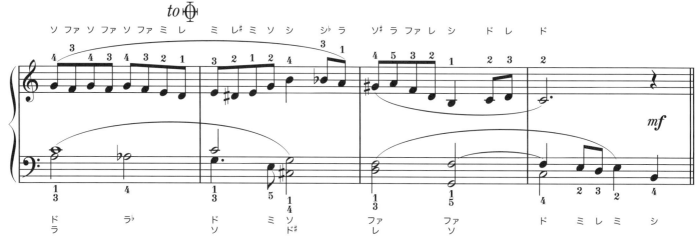

下の音ははぶいてもOK

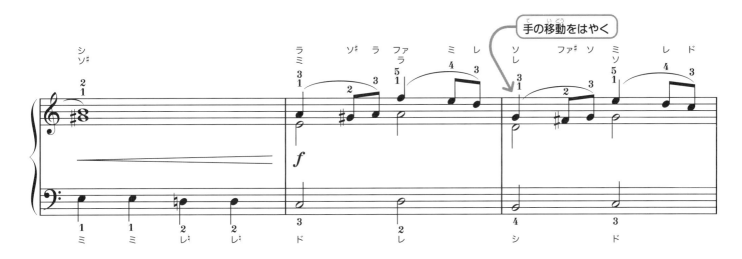

手の移動をはやく

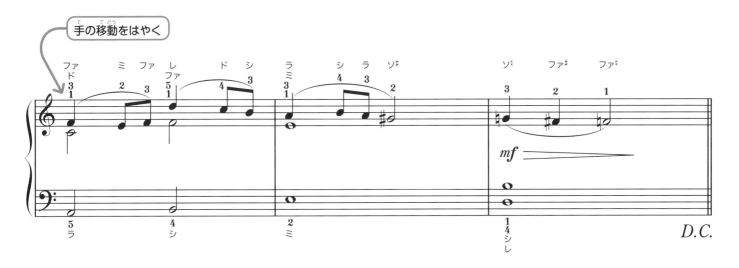

手の移動をはやく

D.C.

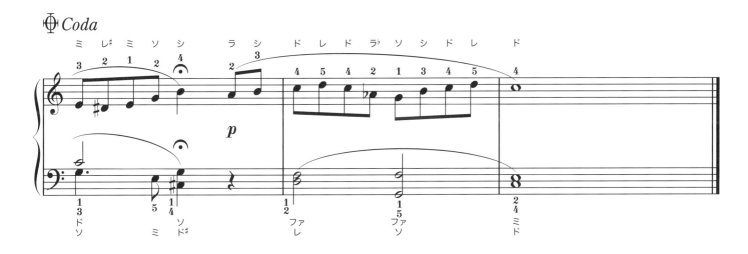

Coda

15

メヌエット ト長調

作曲：C. ペッツォルト

むずかしさ ★☆☆

- 「バッハのメヌエット」として親しまれてきましたが、最近、音楽学者によってペッツォルトがつくったことがわかりました。
- 「メヌエット」は4分の3拍子のゆったりとしたフランスの舞踏曲です。今回はさいしょの「テーマ（だいじなところ）」だけを楽譜にしました。

演奏のポイント

- スラーのついていない4分音符（5ページ）は短く切ってひきます。全体的にかろやかなタッチで演奏しましょう。

この曲の最初の音

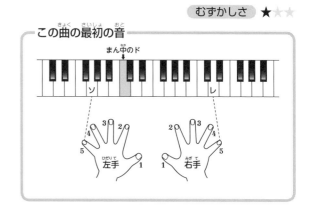

4分音符は短くひきます

装飾音符（小さく書かれた音符）はひかなくてもOK

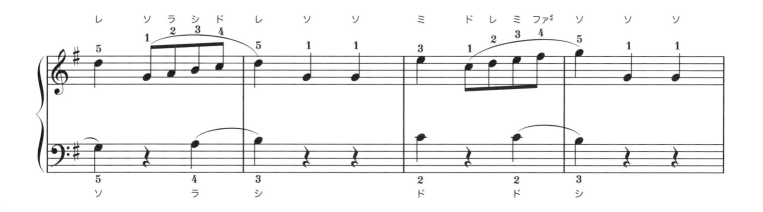

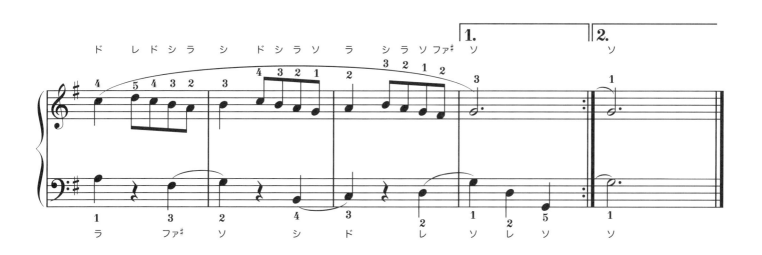

ガボット

作曲：F. J. ゴセック

● ゴセックが作曲した二長調の短い曲です。もともとはヴァイオリンと
オーケストラのためにつくられましたが、ピアノで演奏されることが
多いようです。今回は前半の「テーマ」だけを楽譜にしました。

演奏のポイント

● スタッカート（7ページ）は、いつもおなじリズムでひきます。4分音
符（5ページ）のスタッカートとテヌート（7ページ）のちがいをだしま
しょう。

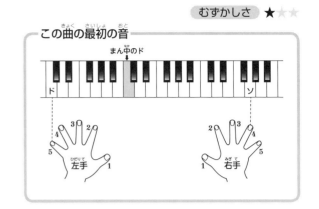

この曲の最初の音

4分音符の長さにちゅうい!!

Allegretto（♩=116）

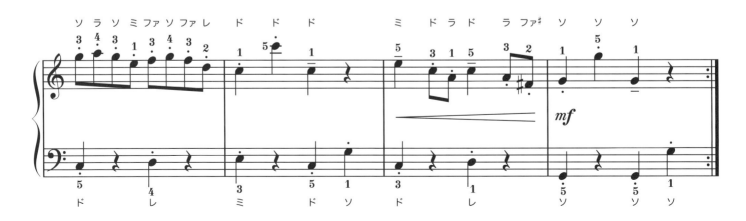

月の光

作曲：C. ドビュッシー

● ドビュッシーがつくったベルガマスク組曲の第3曲です。すこし長めのメロディーとうつくしい和音（音のかさなり）が特徴で、月あかりのなかでしずかにおどる風景を連想させます。もとの曲はこまかいアルペジオ（7ページ）が多いのですが、今回はシンプルでやさしい楽譜になおしました。

演奏のポイント

● テンポのことはあまり考えないで、ゆったりと自由に演奏しましょう。左手の和音がつながるように、指のうごきをくふうしてください。

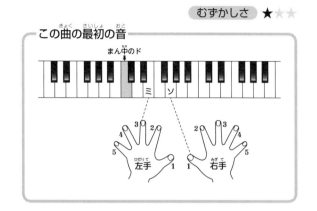

この曲の最初の音

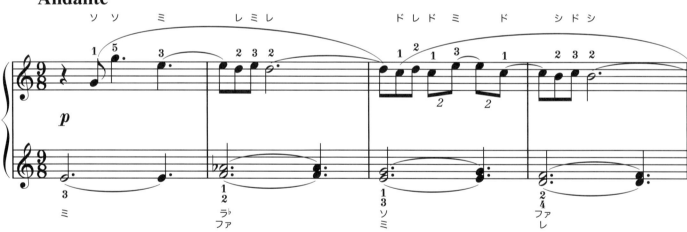

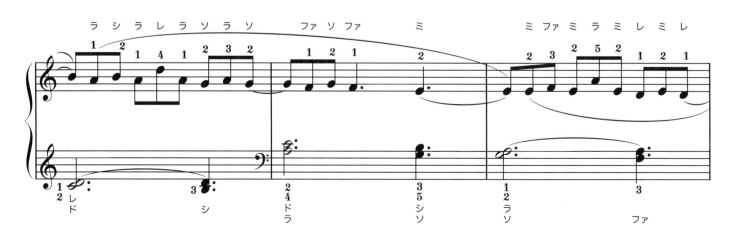

運命（交響曲第５番 第１楽章）

作曲：L. v. ベートーヴェン

むずかしさ ★★☆

● ベートーヴェンの交響曲第５番第１楽章のさいしょの部分をかんたんな楽譜にしました。はじめの「ソソソミー」の音は、ベートーヴェンが「運命がとびらをたたく音」と表現したともいわれています。

演奏のポイント

● 強いところと弱いところの差が大きいので、ひく力をしっかりコントロールしましょう。右手が左手よりひくい音をひく部分がありますので、うでをじょうずに交差させてください。

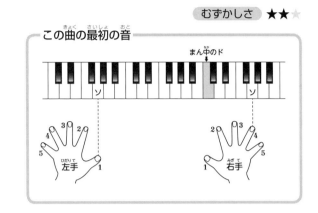

この曲の最初の音

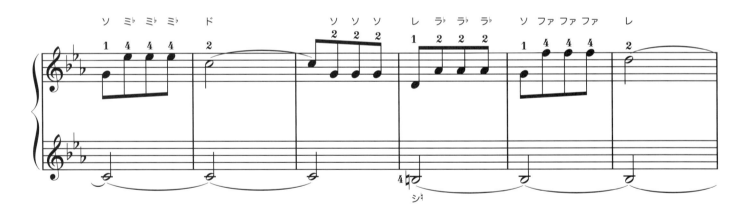

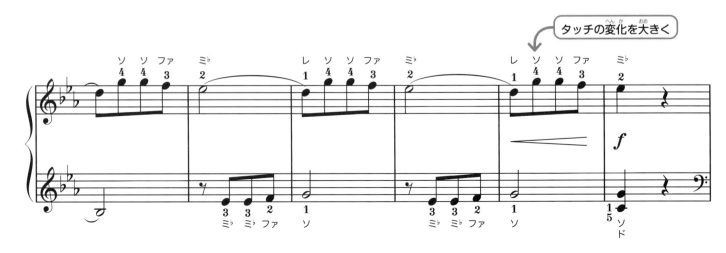

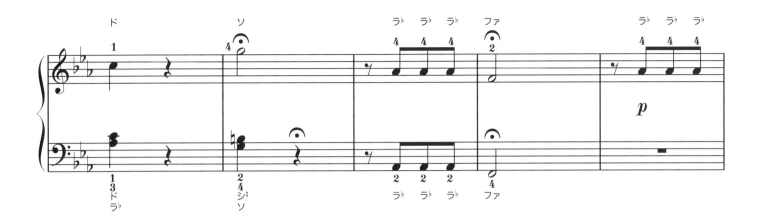
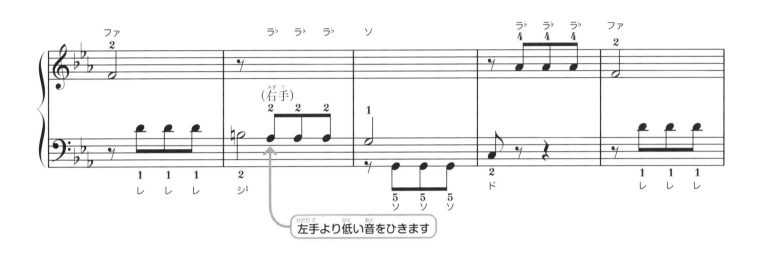
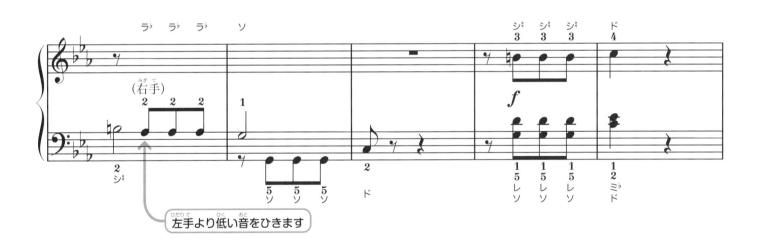
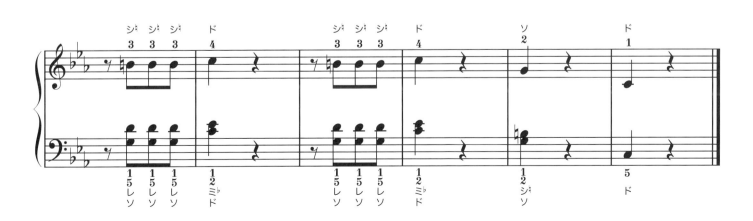

木星（組曲「惑星」より）

作曲：G. ホルスト

むずかしさ ★★☆

● ローマ神話に登場する神さまの名まえが７つの組曲にそれぞれつけられていて、第４曲の木星（ジュピター）は「快楽をもたらす者」という副題がついています。中間部の４分の３拍子のテーマはイギリスの愛国歌や聖歌としてもつかわれていますが、日本でも「ジュピター」の曲名でポップスの歌手が歌っているので有名です。

演奏のポイント

● 左手の４分音符は長めにひきましょう。はじめは弱く、だんだん強くひいて、もりあげていってください。

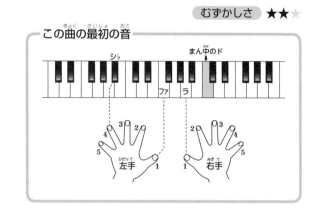

この曲の最初の音

４分音符は長めにひいてください
二重音は下の音のみでもOK

威風堂々（作品39）より第1番

作曲：E. エルガー

むずかしさ ★★☆

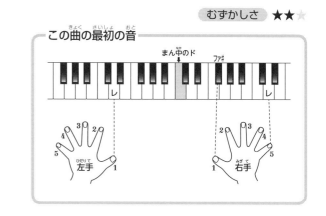
この曲の最初の音

- 威風堂々は第1番から第6番まであり（第6番は未完）、ふつうは「威風堂々」というと、この第1番をさします。おごそかな行進曲で、イギリスの第二の国歌ともいわれています。中間部はとくに有名で、いろいろな場面でつかわれることが多く、イギリスのロックバンドの登場曲になっていたこともありました。

演奏のポイント

- 右手はずっと二重音をひいていますので、音が切れないようになめらかにひいてください。左手の4分音符はやや長めのスタッカートでひいて、しっかりテンポをキープしましょう。

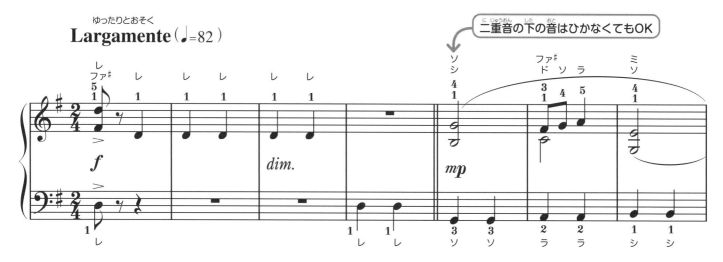

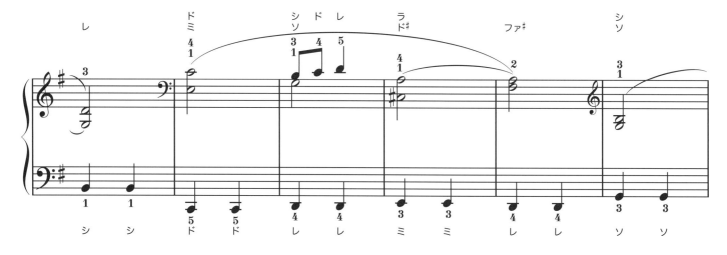

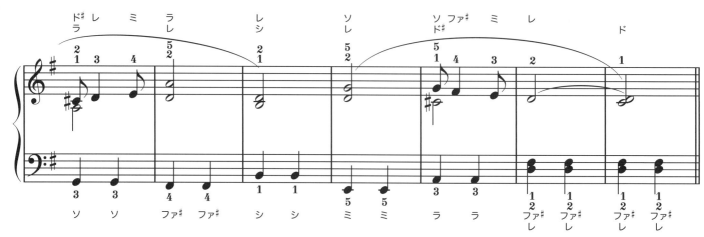

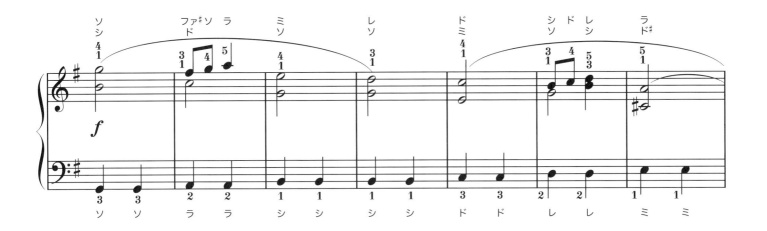

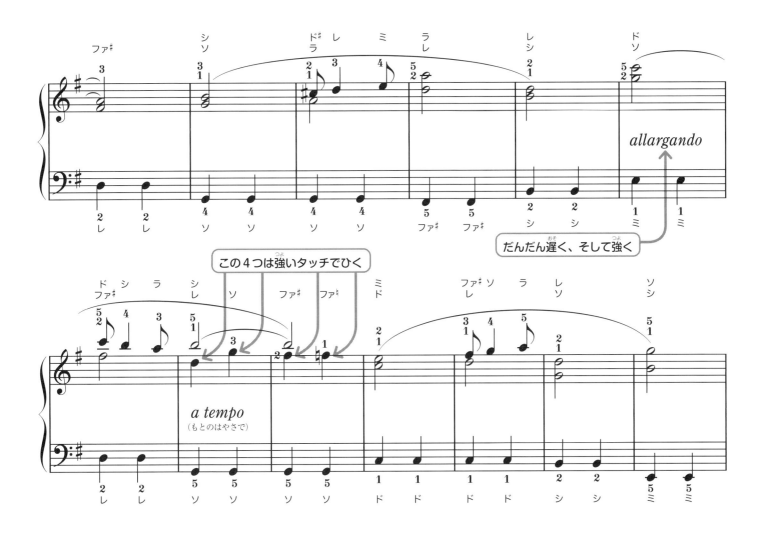

アイネ・クライネ・ナハトムジーク 第1楽章

作曲：W. A. モーツァルト

むずかしさ ★★★

● モーツァルトがつくった曲のなかでいちばん有名な作品で、曲名は「小さな夜の曲」という意味をもっています。テレビ番組のテーマ曲につかわれたこともありました。今回は第1楽章を短くして、ひきごたえのある楽譜にしてあります。

演奏のポイント

● 力づよくひくところと、うつくしく歌うようにひくところとを、ていねいに表現してください。

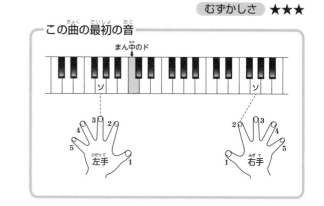
この曲の最初の音

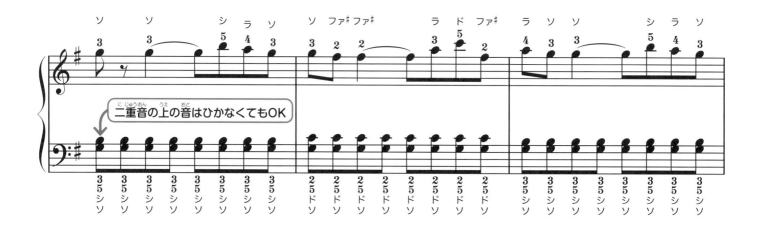
二重音の上の音はひかなくてもOK

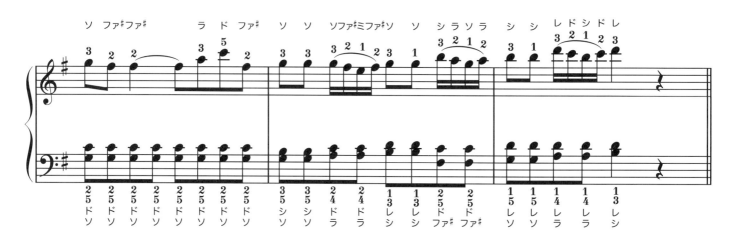

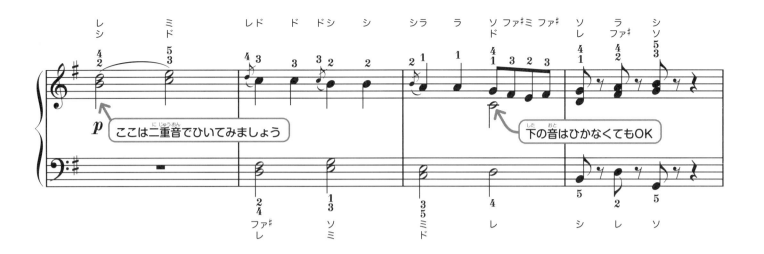
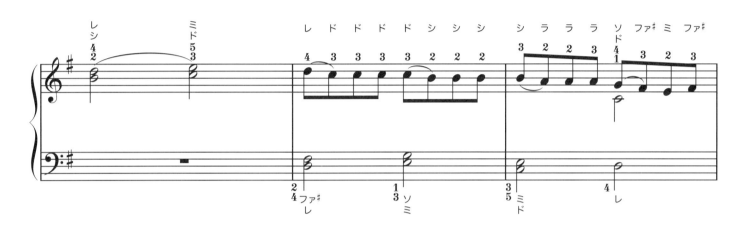
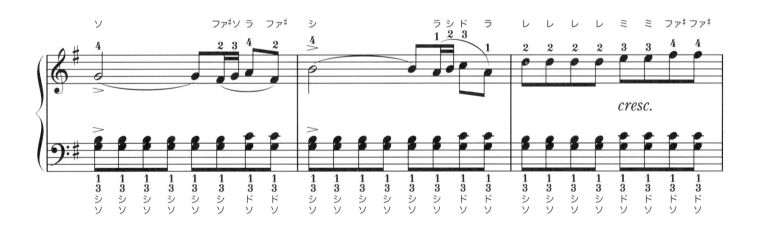
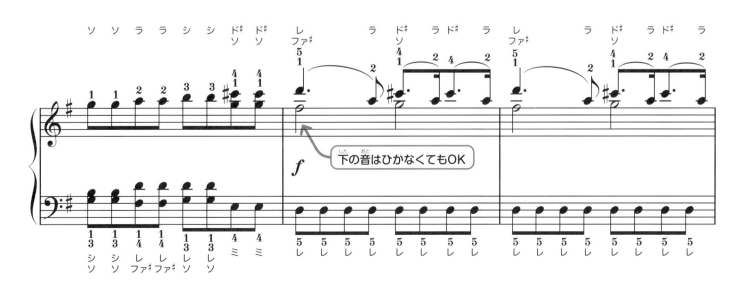

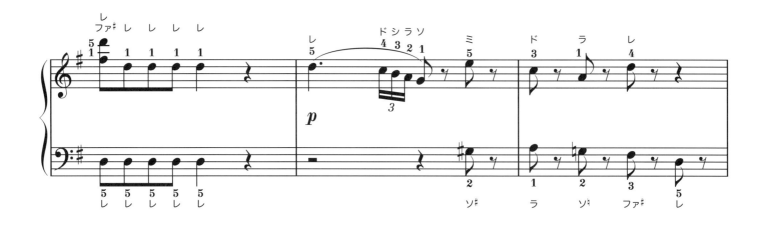
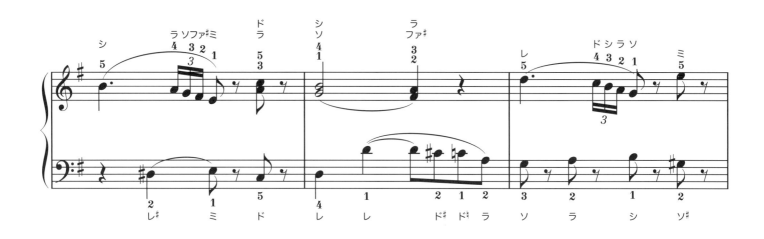

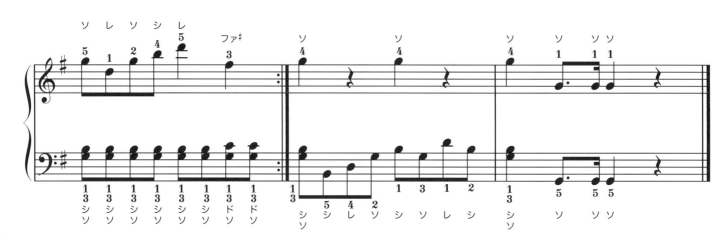

G線上のアリア

作曲：J. S. バッハ

むずかしさ ★★★

● もとの曲は、管弦楽組曲第3番ニ長調の第2曲エールです。ヴィルヘルミというヴァイオリニストが、ヴァイオリンのG線（いちばんひくい音をだす弦）だけで演奏できる曲につくりなおしたために、「G線上のアリア」という曲名がつかわれるようになりました。はなれた音をひくところが多いのですが、この楽譜はやさしめにしてあります。

演奏のポイント
● 左手の4分音符の長さはテヌート（やや長め）でひいてください。
● 楽譜にもかきましたが、むずかしいところ（二重音や内声の動き）は、はぶいてもかまいません。

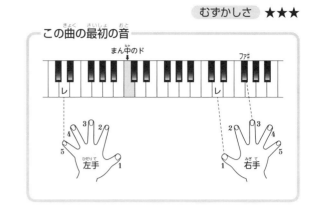

この曲の最初の音

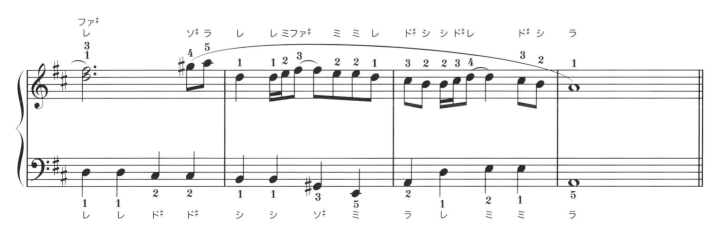

31

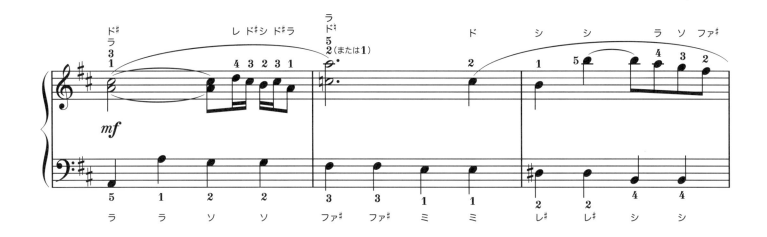

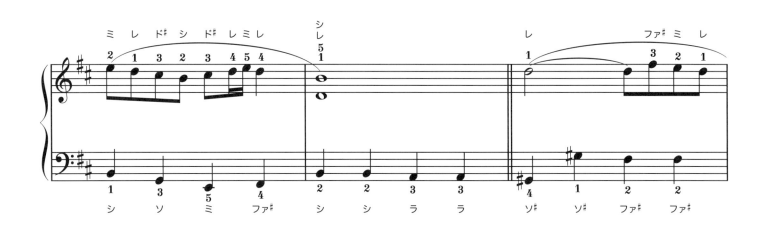

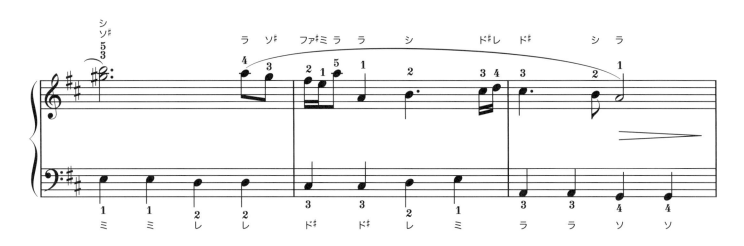

ここはひかなくてもOK

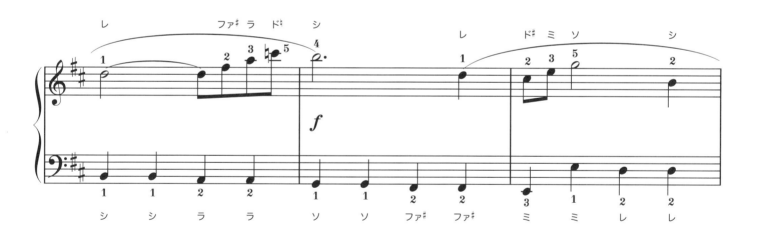

シャボン玉

作詞：野口雨情　作曲：中山晋平

むずかしさ ★☆☆

● 日本の童謡です。詩が先に発表され、そのあとに「童謡小曲」の題名で発表されました。この曲の詩がどのようにできたのかは、いろいろな説があり、野口雨情が亡くなった娘さんを思って書いたともいわれています。すなおでやさしい曲です。

演奏のポイント

● 前半はしずかに、後半は力づよくひいてください。最後はきえるようなかんじで、そっとおわりましょう。

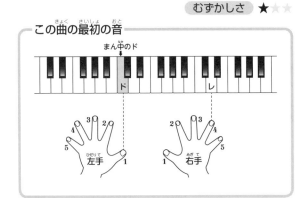

この曲の最初の音

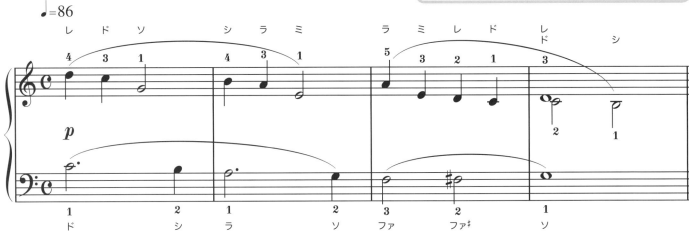

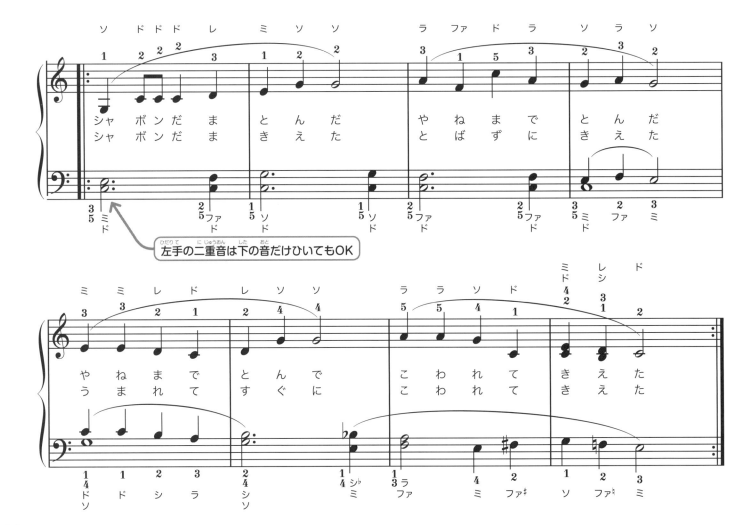

左手の二重音は下の音だけひいてもOK

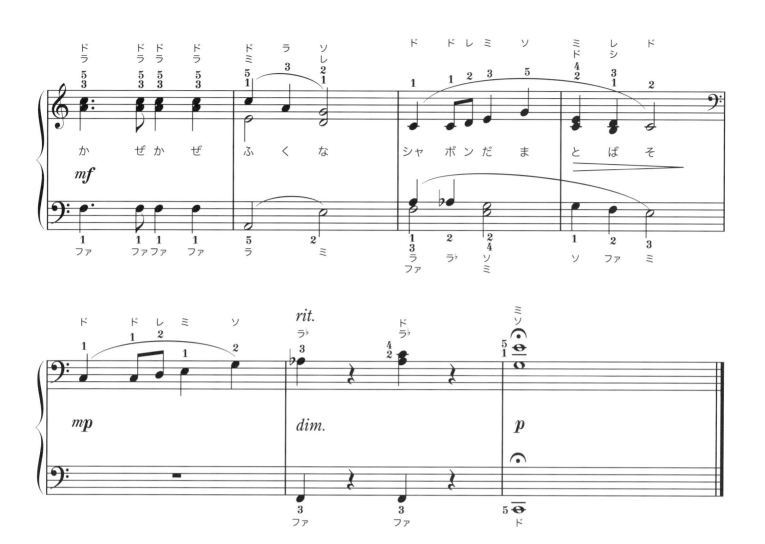

ハッピー・バースデー・トゥ・ユー

作詞・作曲：M. J. ヒル ＆ P. S. ヒル

むずかしさ ★☆☆

- 世界でいちばんよく歌われている、たんじょう日を祝う歌です。もともとはアメリカのヒル姉妹が作詞・作曲した「グッドモーニングトゥーオール」という曲ですが、歌詞を誕生日用にした替え歌として有名になりました。

演奏のポイント

- 演奏は2コーラスになりますが、誕生会で歌う場合は、注釈に書いたように途中だけをひいてもいいでしょう。しっかりとしたタッチで、元気に演奏してください。

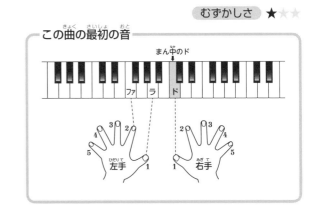

この曲の最初の音

歌の伴奏の場合はここからスタート

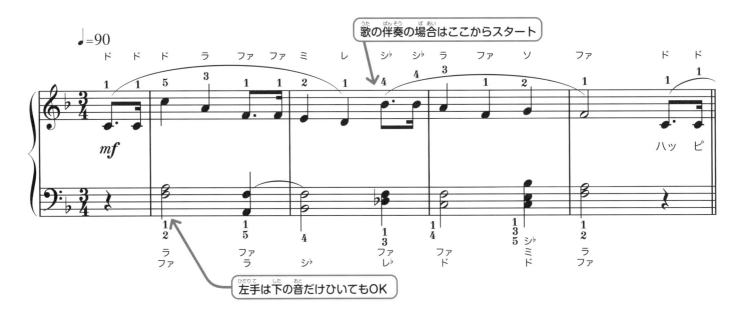

左手は下の音だけひいてもOK

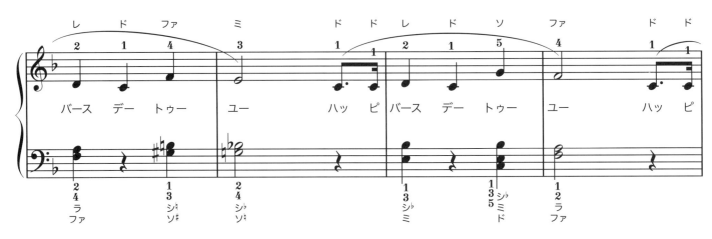

ジングルベル

日本語詞：宮沢章二　作曲：J. R. ピアポント

むずかしさ ★☆☆

● クリスマスシーズンになると、街じゅうできこえてくる曲ですが、もともとはクリスマスの曲ではなく、教会の感謝祭で歌われていたようです。やがてクリスマスでもつかわれるようになり、有名になりました。歌詞には、子どもたちがソリにのっているようすが描かれています。

演奏のポイント

● 8分音符のメロディーは、かるく切るように、かろやかにひいてください。右手と左手のタイミング（たて線）をただしくあわせましょう。

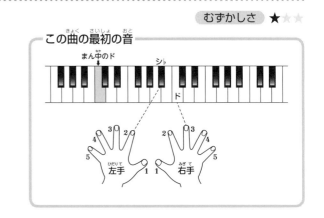

この曲の最初の音

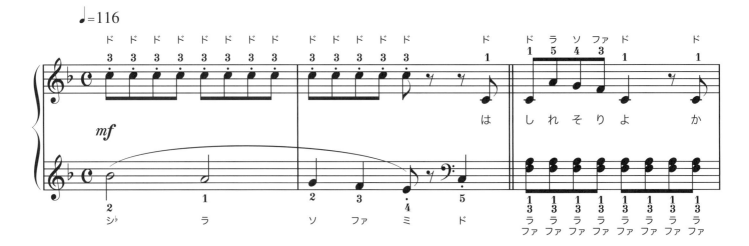

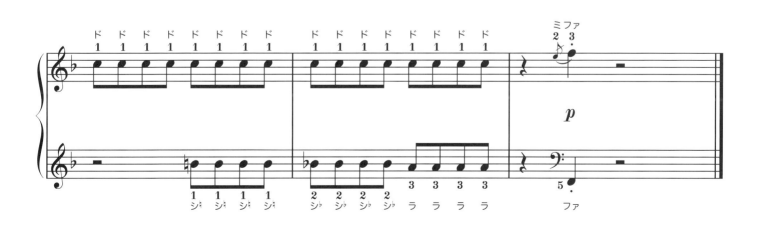

にじ

作詞：新沢としひこ　作曲：中川ひろたか

むずかしさ ★☆☆

- この曲ができてから30年いじょうがたちますが、今でもよく歌われているこの「にじ」は、さいしょのバージョンとは曲がちがうようです。ポップス調のメロディーが、あしたへの希望をこめた歌詞とあいまって、ジワジワと人気がでてきました。CMにもいくつかつかわれていて、長いあいだ親しまれています。

演奏のポイント

- メロディーの8分音符は、かるくはずんでひきましょう。左手の音符は、長めにひきます。全体に、やさしいタッチで演奏しましょう。

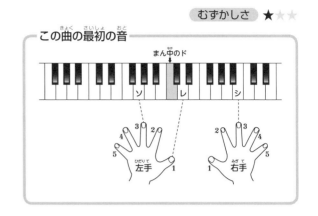

この曲の最初の音

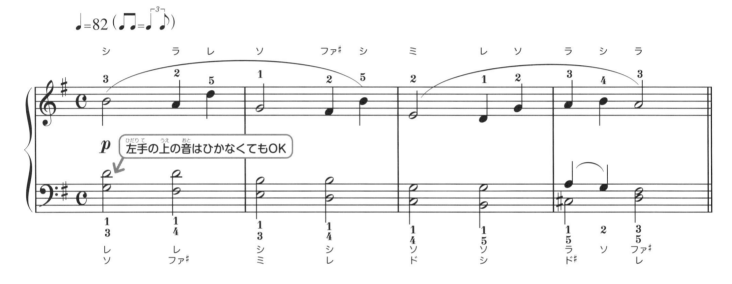

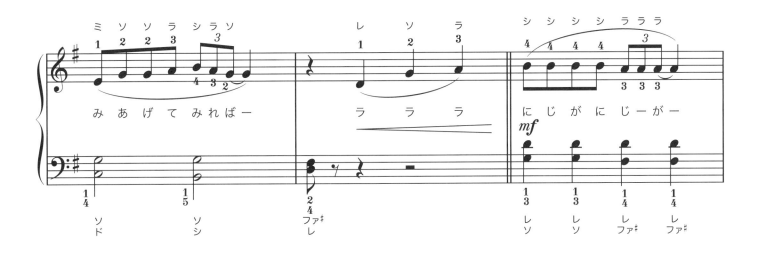

おすしのピクニック

作詞：里乃塚玲央　作曲：小杉保夫

むずかしさ ★☆☆

- NHK『おかあさんといっしょ』2003年11〜12月の歌で、今井ゆうぞうさんと、はいだしょうこさんが歌った大人気の曲です。おすしのごはんといっしょに、マグロやカツオたちとピクニックにでかけるという、とてもたのしい歌詞になっています。

演奏のポイント

- 4分音符は、かるく切ってひきましょう。強めのタッチで元気に演奏してください。

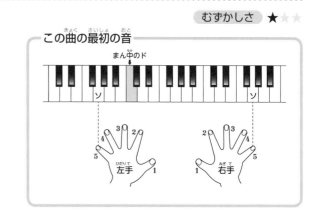

この曲の最初の音

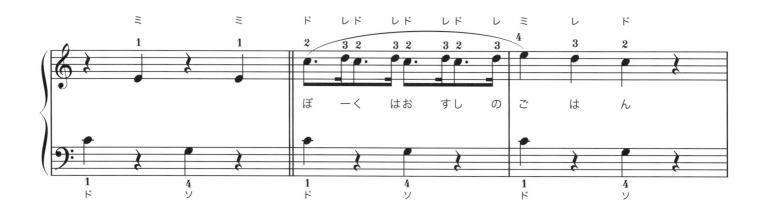

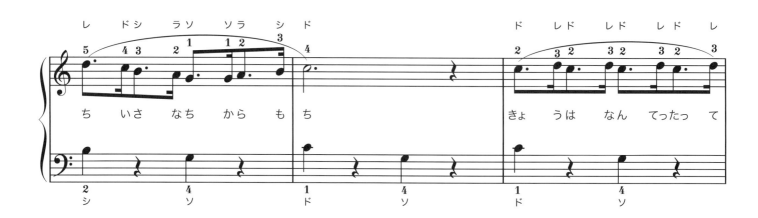

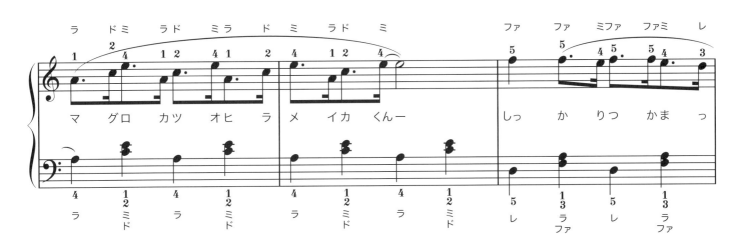

両手のタイミングをそろえましょう

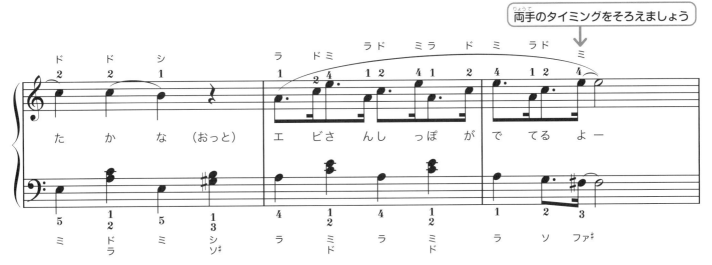

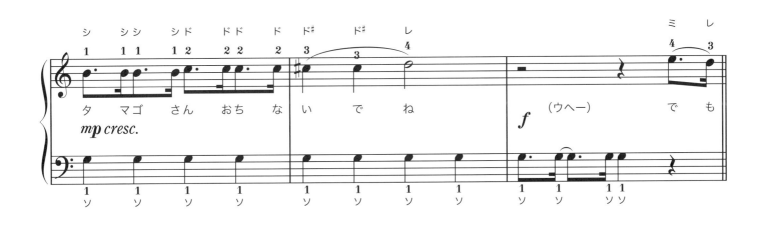

43

少し間をあけます

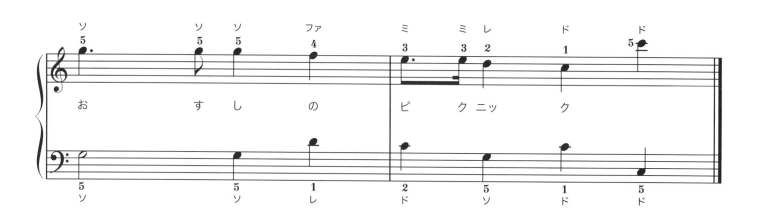

手のひらを太陽に

作詞：やなせたかし　作曲：いずみたく

むずかしさ ★★☆

- 作詞は、あの『アンパンマン』の作者、やなせたかしさんです。NHK『みんなのうた』で放送されましたが、ボニージャックスが歌ったレコードが発売されてからヒットしました。「日本の歌百選」にも選ばれています。映画やCMなどにも多くつかわれていて、映画版のアンパンマンの劇中歌としても登場します。

演奏のポイント

- 前半の部分はメロディーと伴奏のタイミング（たて線）を正確に合わせましょう。中間部はレガート（なめらかにひくこと）でたっぷりと歌うようにひいてください。

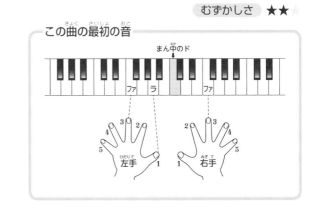
この曲の最初の音

短く切ってひく

45

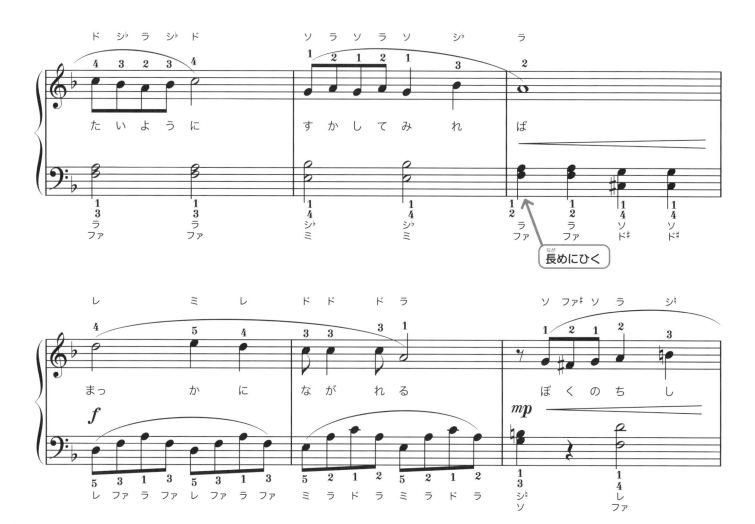

長めにひく

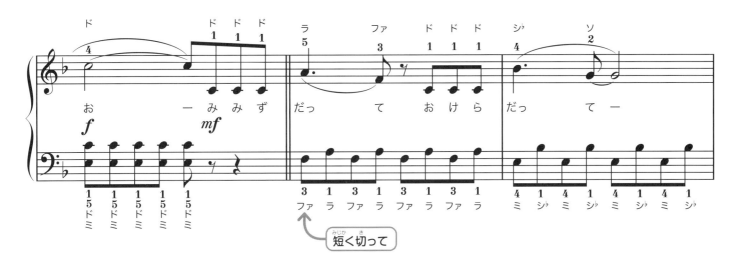

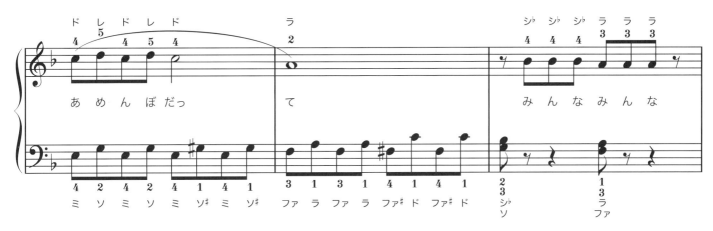

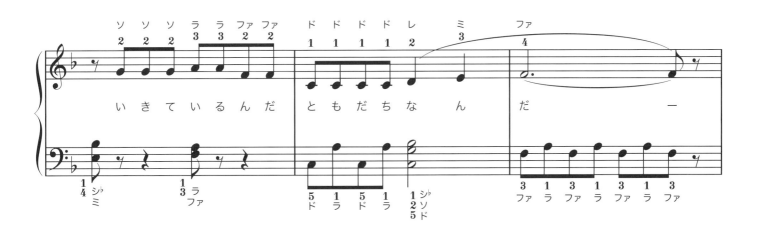

大きな古時計

日本語詞：保富康午　作曲：H. C. ワーク

むずかしさ ★★☆

- おじいさんが生まれたときから100年ずっと動きつづけた時計が、おじいさんが亡くなった今はもう動かないという歌詞で、実話をもとにしているようです。100年間、時計といっしょにすごした人生に、心にふかく感じるものがありますね。

演奏のポイント

- 全体に、やさしいタッチでひいてください。左手の和音の動きがすこし大変ですが、ていねいに練習しましょう。

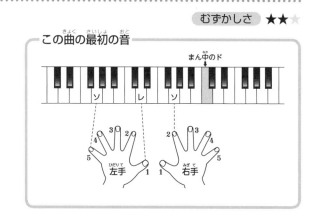

この曲の最初の音

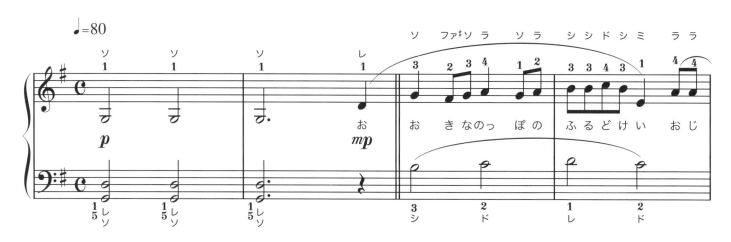

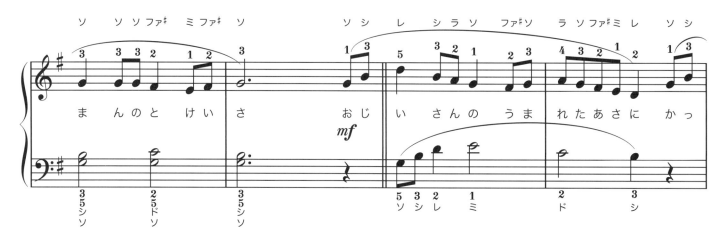

ねこふんじゃった

作詞：阪田寛夫　作曲者不詳

むずかしさ ★★☆

- 作曲した人がわからない曲です。ピアノの黒鍵ばかりをつかったひきかたが有名ですね。楽譜がよめなくてもひいたことがある、という人もいるでしょう。世界でも親しまれていて、いろいろな歌詞や題名がつけられています。

演奏のポイント

- 左手はメロディーやメロディーの追いかけで活躍しますので、しっかりとしたタッチでひいてください。

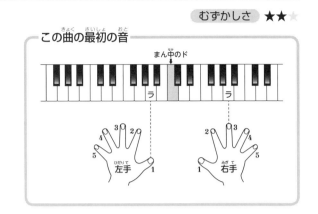

この曲の最初の音

い ねこ め つめ を き れ やね を おり
て ひげ を そ れ ねこ ニャー ゴー ニャー ゴー
左手はしっかりとしたタッチで
ねこかぶ り ねこ な で ご え あまえて
る ねこ
D.S.
Coda
よっ とい で
mf
f

ぼよよん行進曲

作詞：田角有里・中西圭三　作曲：中西圭三

むずかしさ ★★☆

● この曲もNHK『おかあさんといっしょ』で2006年から今井ゆうぞう
さんとはいだしょうこさんが歌い、現在まで長く歌いつがれていま
す。感動的な歌詞と、かろやかなメロディー、うつくしいコード（和
音、音のかさなり）によって、みんなに勇気をあたえる応援歌になっ
ていて、子どもにも大人にも大人気の曲です。

演奏のポイント

● 8分音符はバウンスして（はずんで）ひきましょう。3連符の同音連打
（おなじ音をつづけてひくこと）をがんばって練習してください。

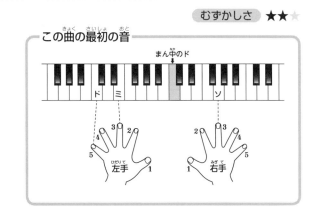

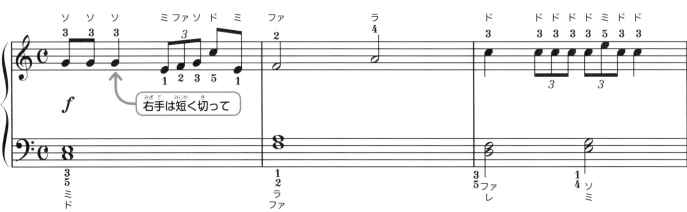

右手は短く切って

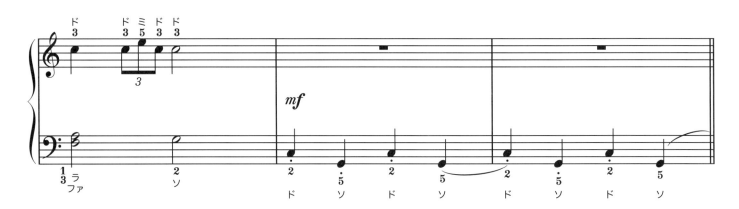

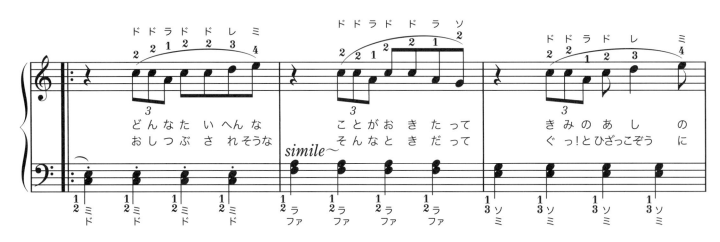

どんなたいへんな
おしつぶされそうな

ことがおきたって
そんなときだって

simile〜

きみのあし　　の
ぐっ!とひざっこぞう　　に

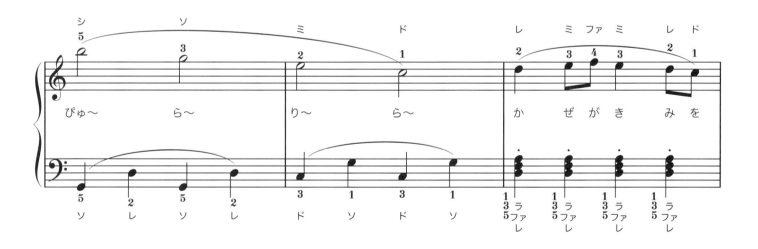

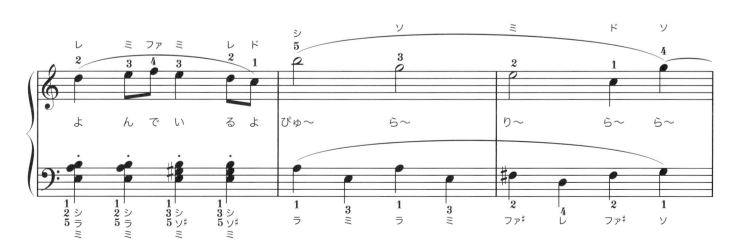

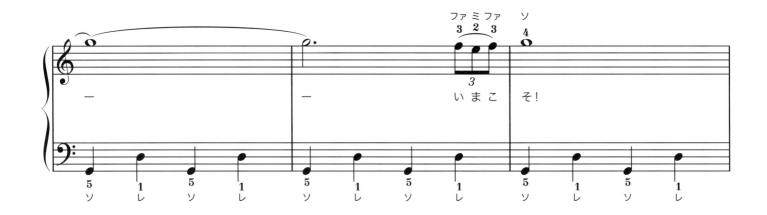

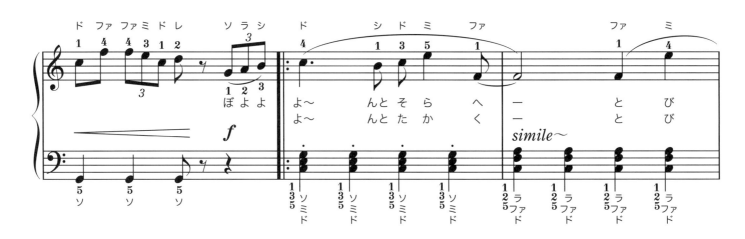

音がはなれています

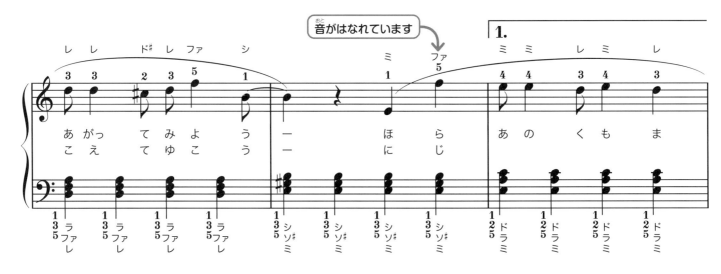

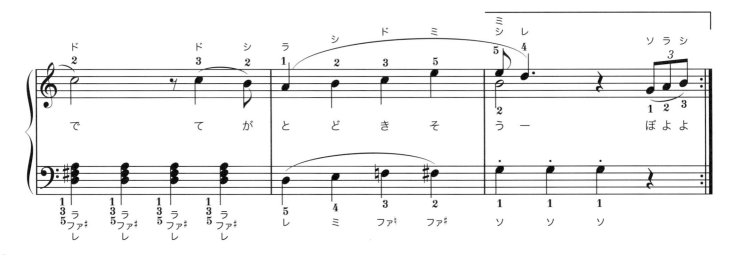

54

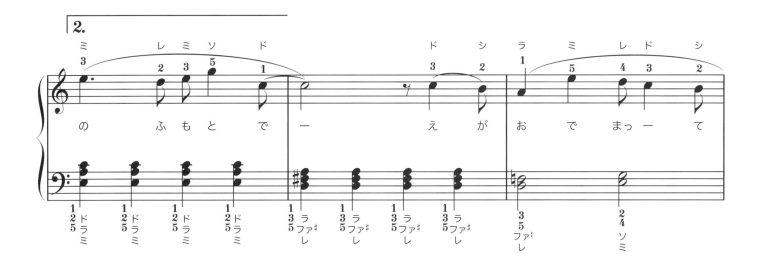

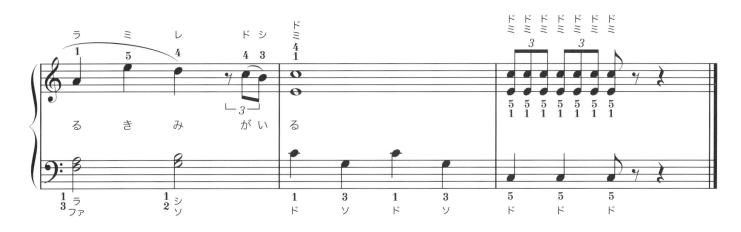

ププッとフムッとかいけつダンス

作詞：藤本記子　作曲：小杉保夫

むずかしさ ★☆☆

● アニメ『おしりたんてい』の主題歌です。かおが「おしり」に見える探偵がいろいろな事件を解決していくストーリー。曲中にはたくさんのテーマが出てきますが、今回は最初のテーマ部分を楽譜にしました。

演奏のポイント

● 前奏はレガートで（なめらかに）きれいにひいてください。テーマからはかなりはやくなりますので、しっかりとしたタッチでひきましょう。

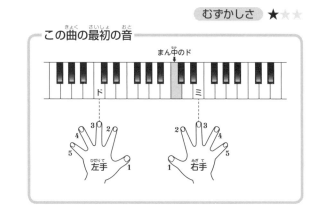

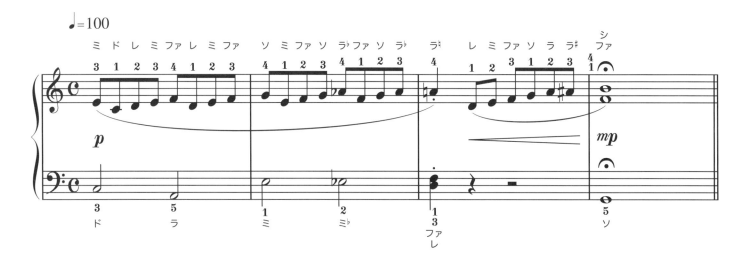

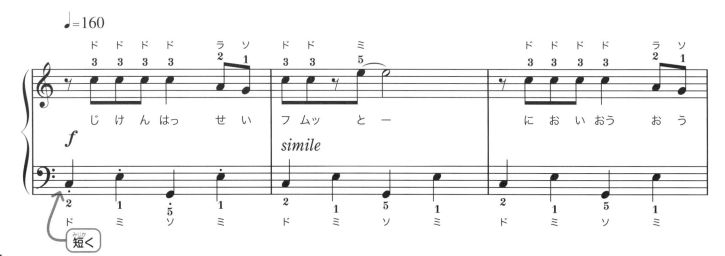

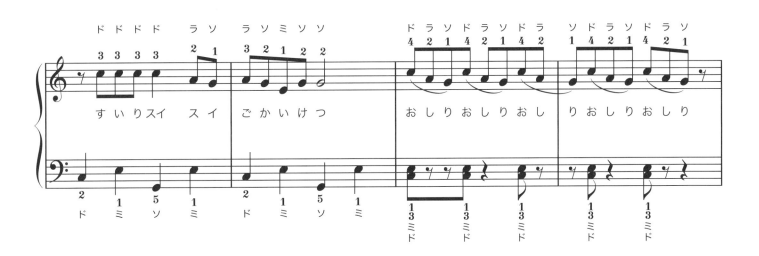

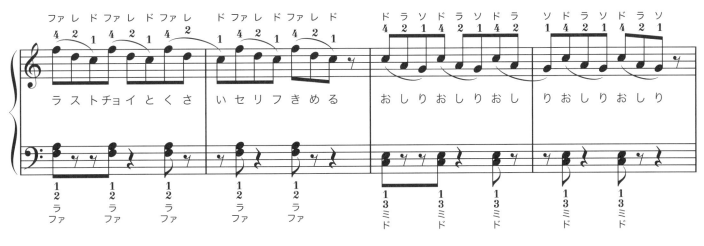

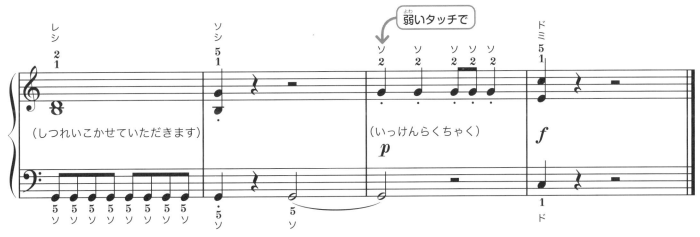

おどるポンポコリン

作詞：さくらももこ　作曲：織田哲郎

むずかしさ ★★☆

● テレビアニメ『ちびまる子ちゃん』のオープニングテーマ曲です。エンディングテーマ曲としてつかわれていた時期もあり、また高校野球の応援歌やプロレスの入場曲にもつかわれていました。ブルースやソウルのような雰囲気がとり入れられ、循環コード(くりかえしてひく和音)とあいまって、レトロでかろやかな曲になっています。

演奏のポイント

● 左手の和音は、短く切ってひいてください。メロディーは同音連打(おなじ音をつづけてひくこと)が多いので、なるべくツブをそろえて(おなじ大きさ、長さ、音色で)ひきましょう。

この曲の最初の音

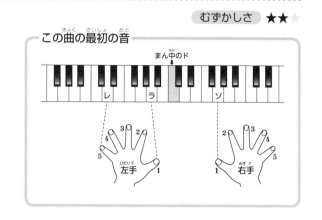

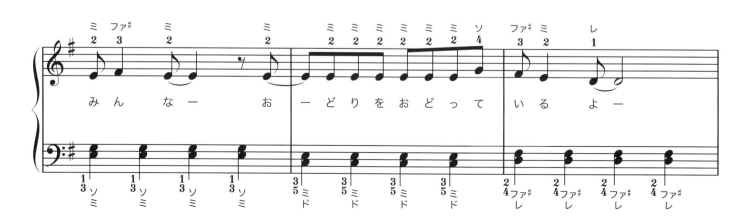

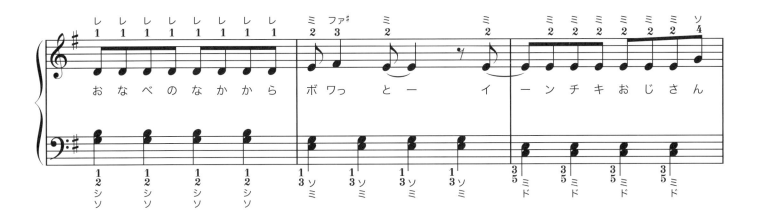
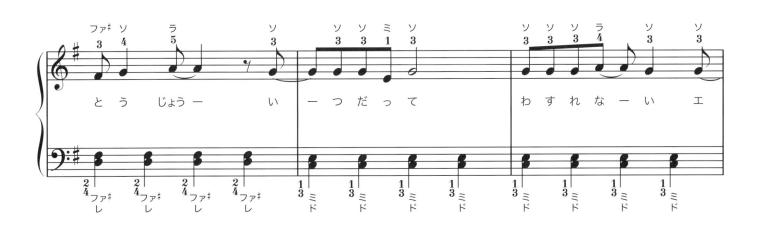
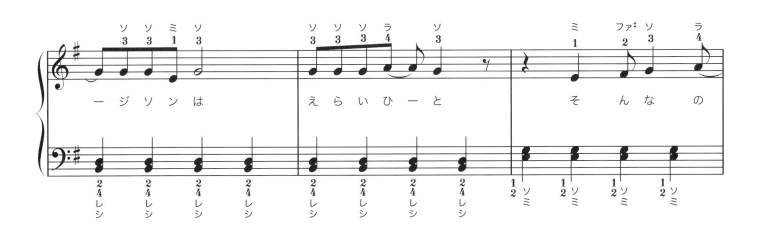
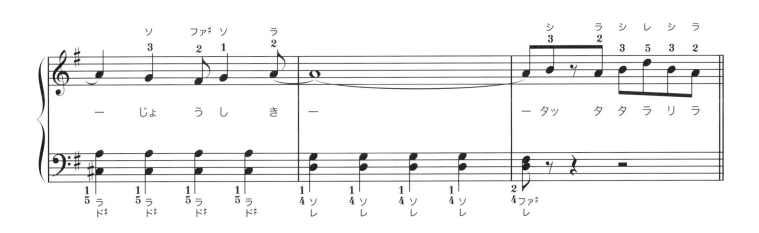

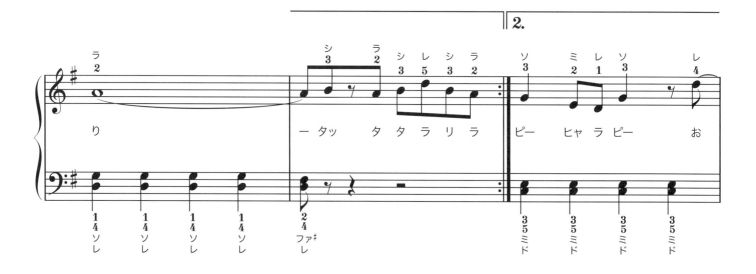

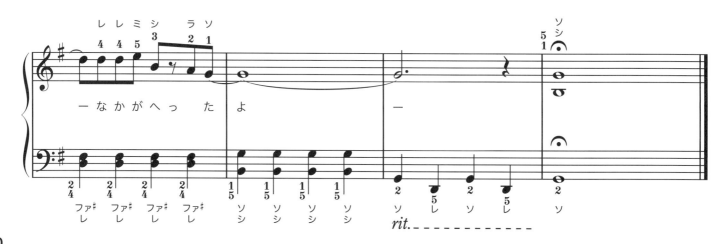

アンパンマンのマーチ

作詞：やなせたかし　作曲：三木たかし

むずかしさ ★★☆

● テレビアニメ『それいけ！アンパンマン』のオープニングテーマです。メロディーは音階の動きが多く、伴奏はクラシックのようなコード進行（和音のつかいかた）をとり入れて、とても歌いやすく、たのしい曲になっていますね。

演奏のポイント

● 両手の４分音符は短く切ってひきましょう。もとの曲のようにひきたい場合は、後半８小節をさいしょに追加してひいてもいいでしょう。

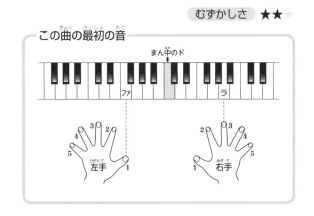

この曲の最初の音

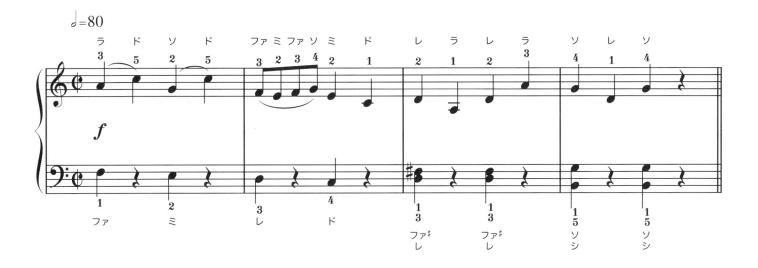

61

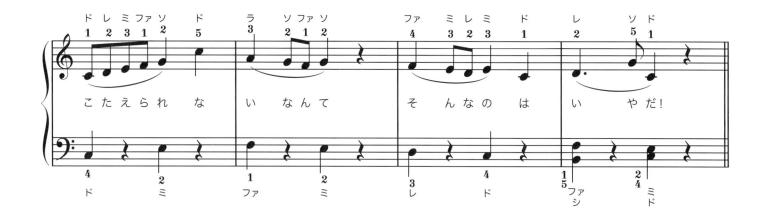

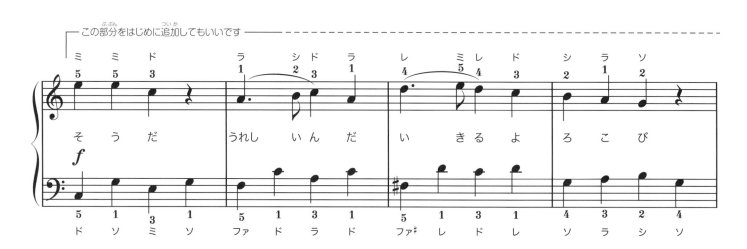

たとえ　　　むねの　きず　が　　い　たんで　も

ドラえもん

作詞・作曲：星野 源

むずかしさ ★★☆

- 『映画ドラえもん のび太の宝島』の主題歌ですが、テレビシリーズや CMソングなどにもつかわれています。メロディーにヨナ抜き音階（ファとシをつかわない音階）をとり入れたりして、とてもなじみやすい曲になっています。歌詞には「誰もが世界を救える」というメッセージがこめられているようです。

演奏のポイント

- アーティキュレーション（楽譜に書かれた記号）に注意してひきましょう。後半の左手のキザミはかるく切る感じでひいてください。

この曲の最初の音

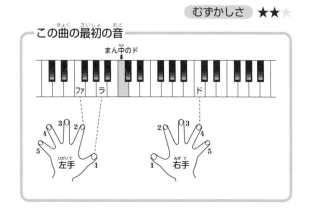

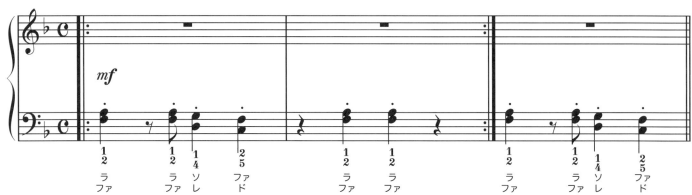

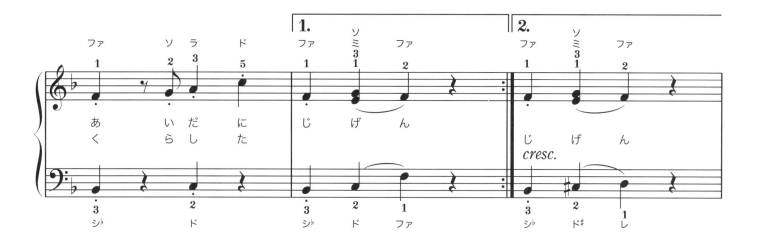

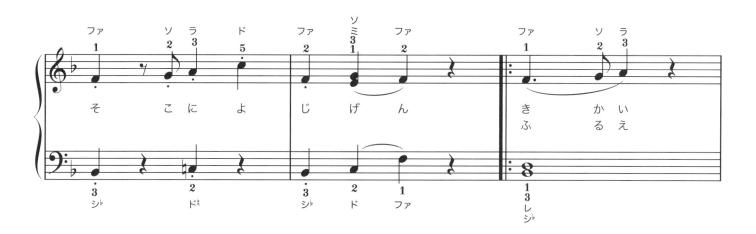

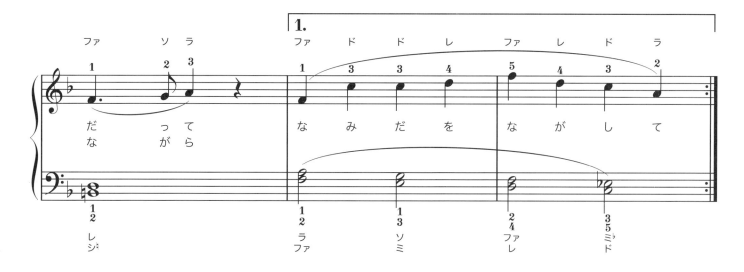

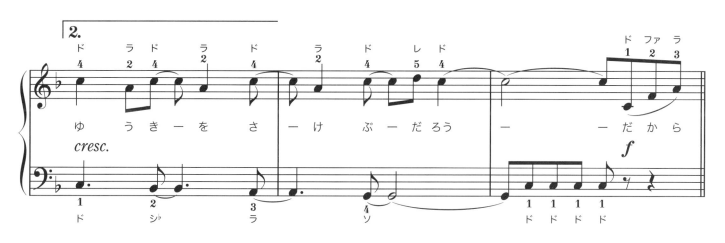

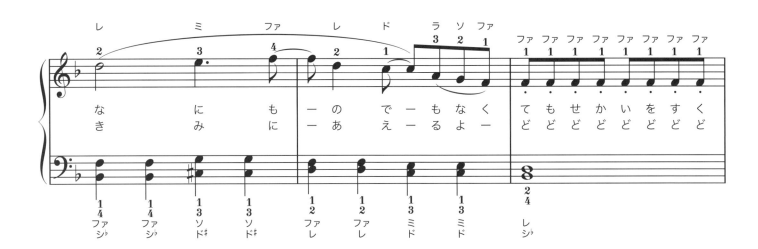

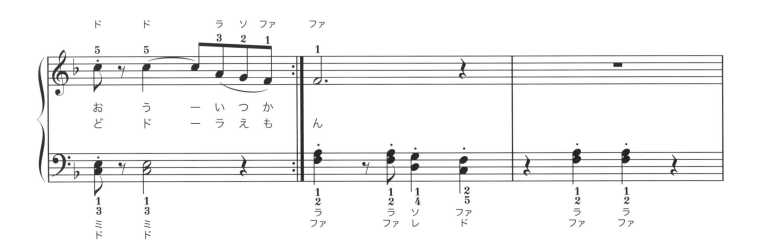

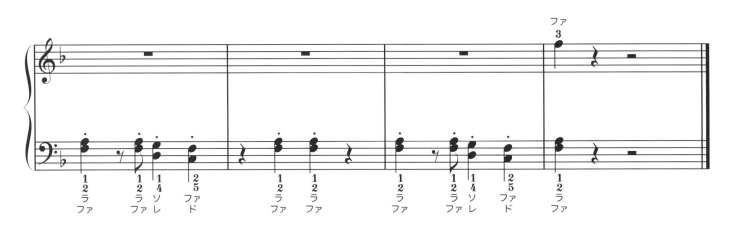

勇気100%

作詞：松井五郎　作曲：馬飼野康二

むずかしさ ★★☆

● 1993年から現在まで続いているNHKアニメ『忍たま乱太郎』の主題歌です。はじめはジャニーズの光GENJIが歌っていましたが、その後いくつかのグループにひきつがれています。

演奏のポイント

● 前奏と中間部はやわらかくしずかに、ほかの部分はハッキリとしたタッチでひいてください。後半の伴奏は短めに切ってひきましょう。

この曲の最初の音

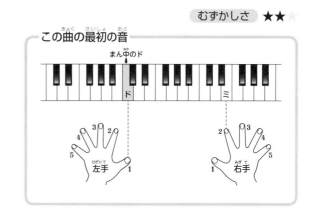

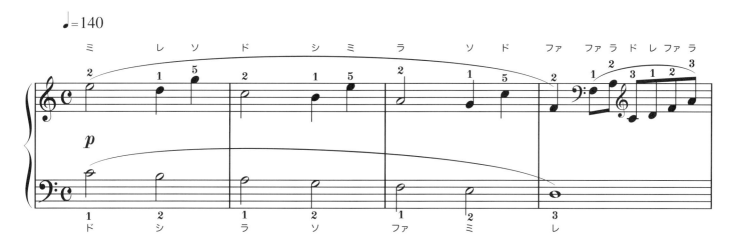

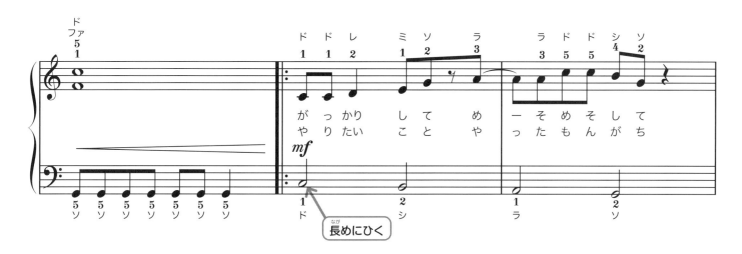

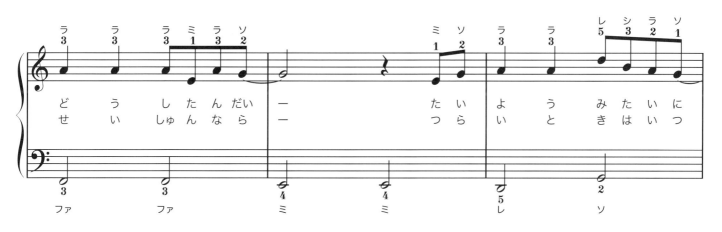

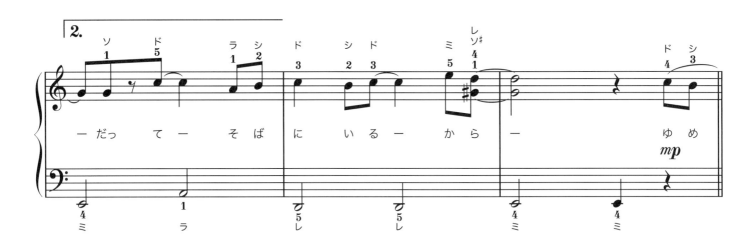

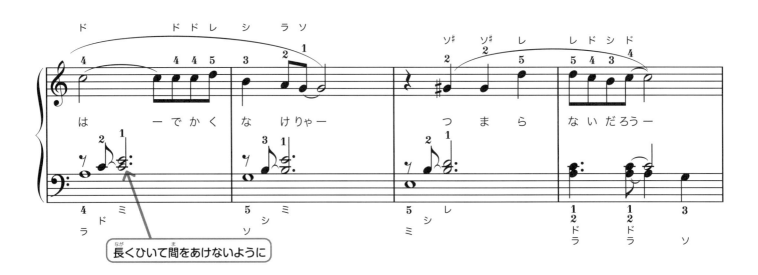

長くひいて間をあけないように

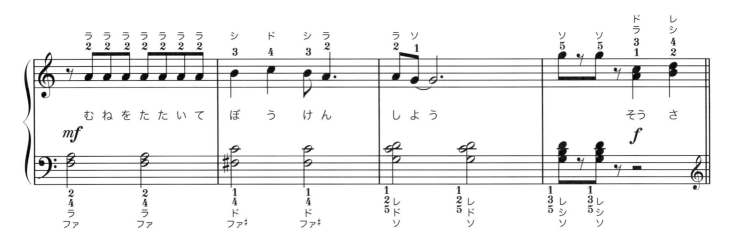

となりのトトロ

作詞：宮崎 駿　作曲：久石 譲

むずかしさ ★★☆

- 映画『となりのトトロ』のエンディングに流れる曲です。姉妹とトトロとの交流をとおして、母親への愛情と自然のうつくしさをあらわした感動的な映画で、お話に登場するネコバスも人気がありました。

演奏のポイント

- 左手の4分音符の伴奏はやや短めにひきます。またキメのところは強いタッチでひきましょう。

この曲の最初の音

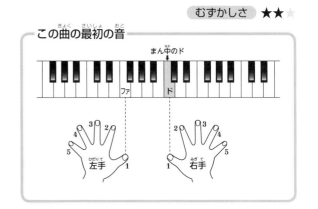

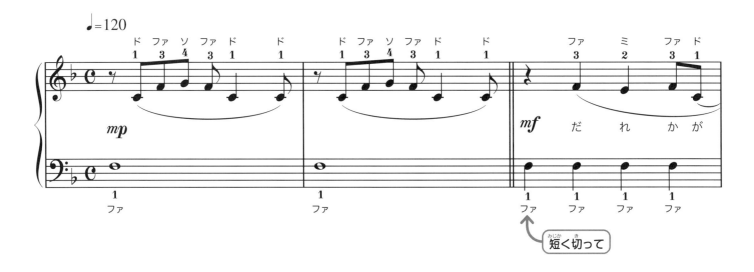

短く切って

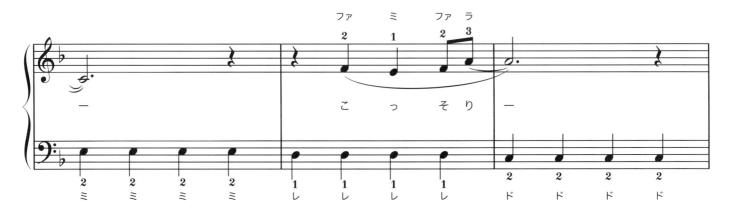

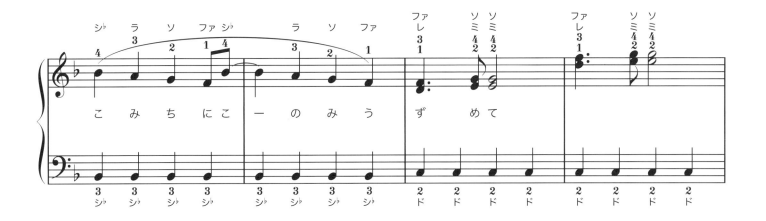

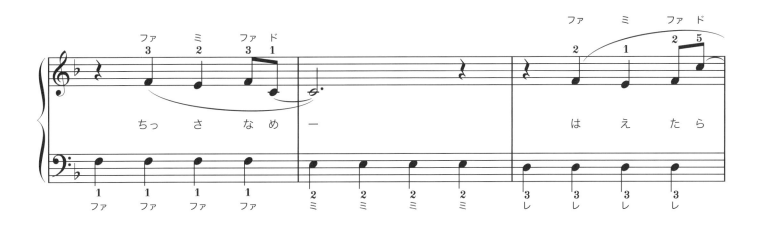

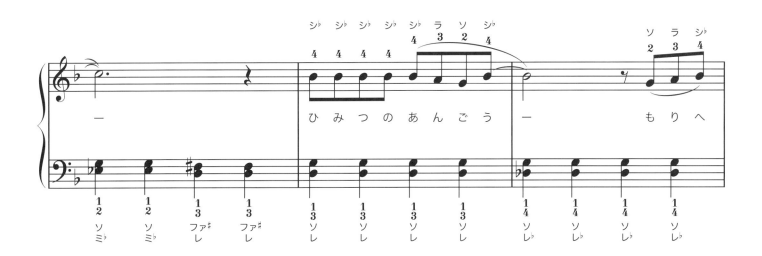

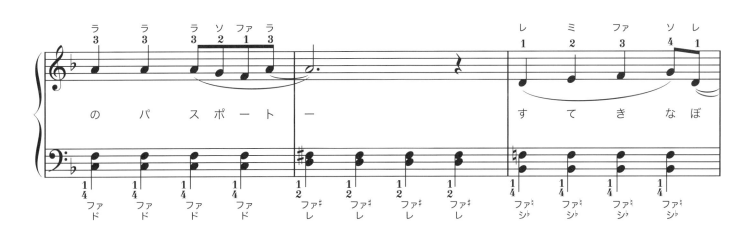

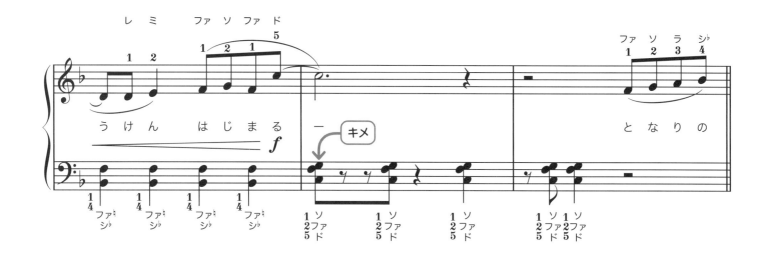

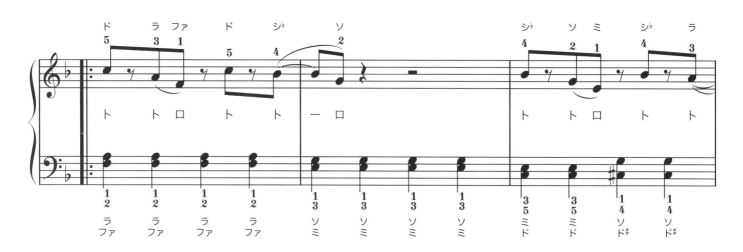

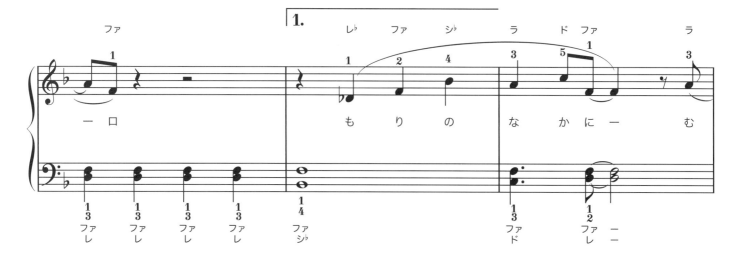

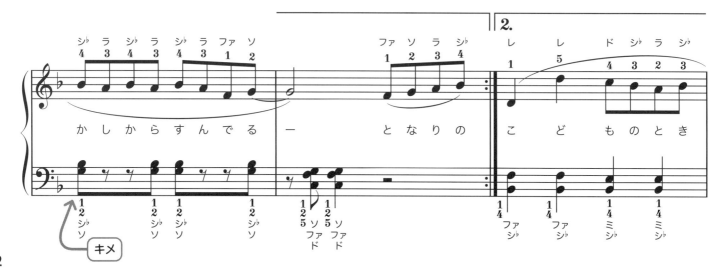

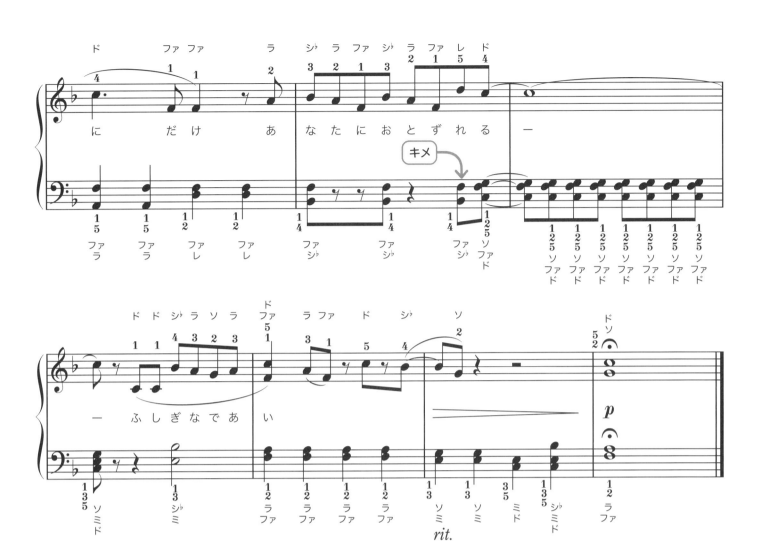

名探偵コナン メインテーマ

作曲：大野克夫

● 「名探偵コナン」は江戸川コナン（高校生の工藤新一）が多くの事件を名推理で解決していくストーリー。このメインテーマは事件を解決するシーンなどで使用されていて、アルトサックスのメロディーがとても印象的です。

演奏のポイント

● メロディーはレガートで（なめらかに）ひいてください。左手の伴奏の8分音符は力強く切ってひきましょう。

この曲の最初の音

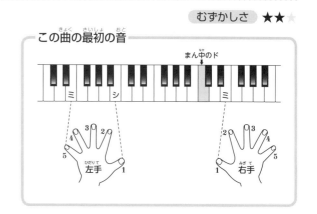

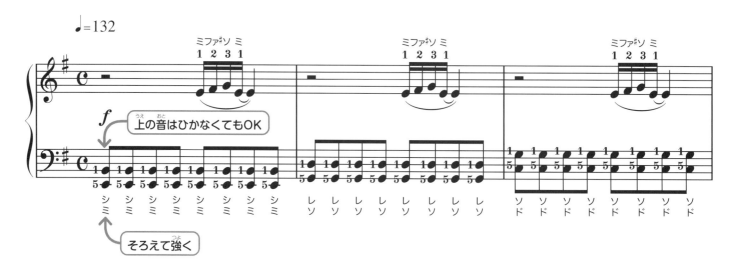

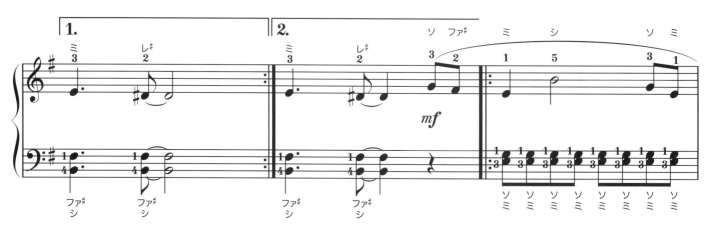

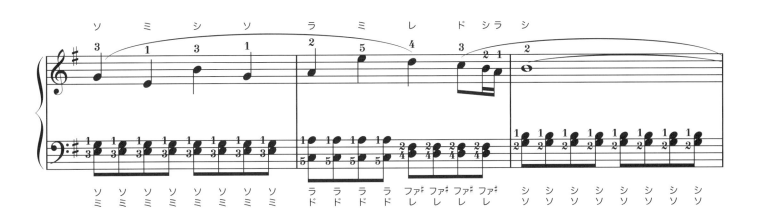

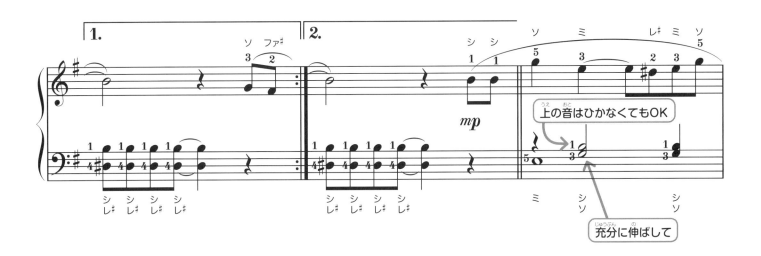

上の音はひかなくてもOK

充分に伸ばして

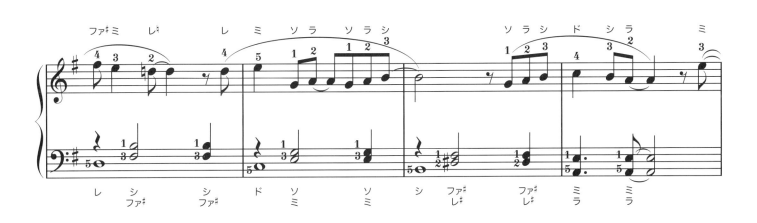

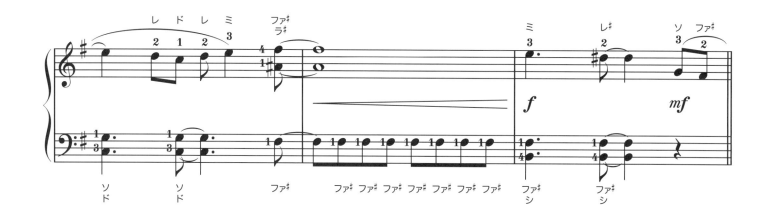

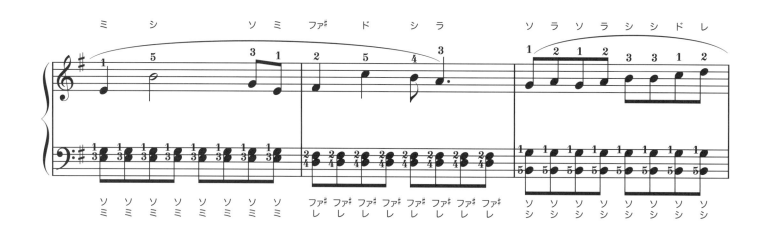

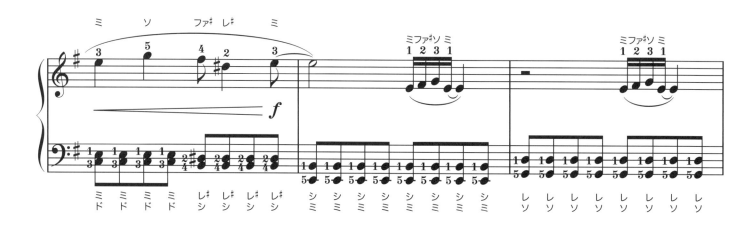

両手をそろえて強く

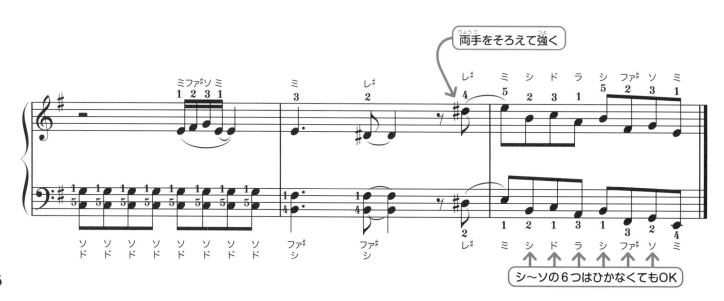

シ〜ソの6つはひかなくてもOK

紅蓮華
（ぐれんげ）

作詞：LiSA　作曲：草野華余子

むずかしさ ★★★

● テレビアニメ『鬼滅の刃』のオープニング曲です。歌手のLiSAさんが歌い、アニメとともに大ヒットしました。紅蓮華とは赤いハスの花のことで、仏教では「つらいことがあっても心は汚れさせずに美しく咲きなさい」といった意味があり、歌詞にもそんな思いがこめられています。

この曲の最初の音

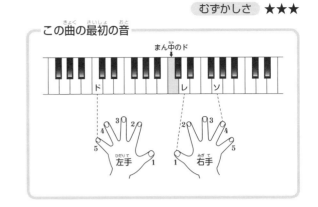

演奏のポイント

● メロディーのダブルノート(二重音)はタイミングを合わせてひき、また上のメインメロディーが弱くならないようにしましょう。左手の4分音符のキザミは長めにひきます。

♩=130

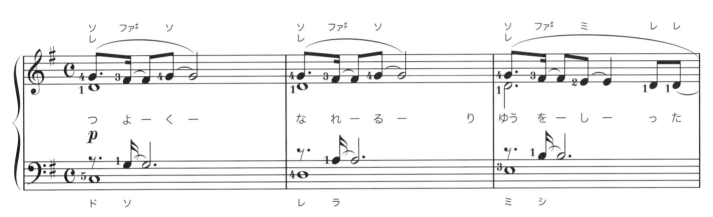

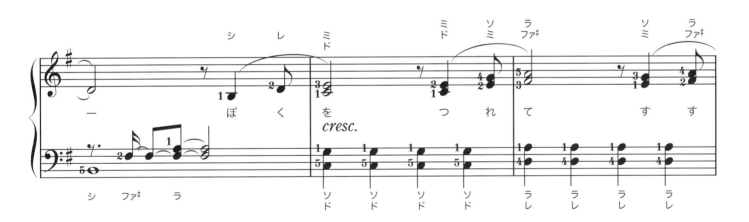

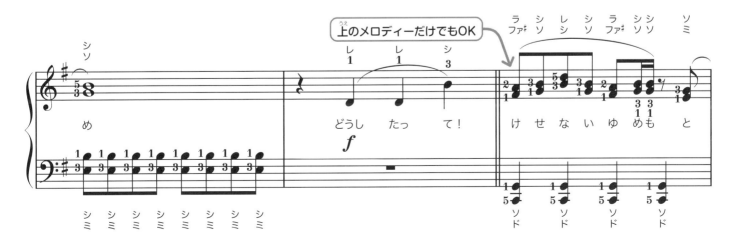

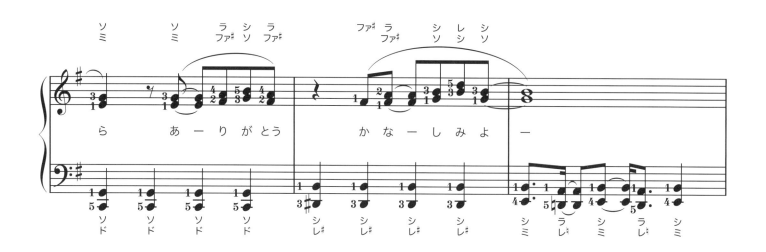

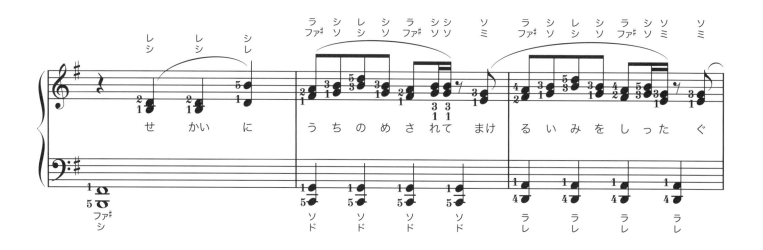

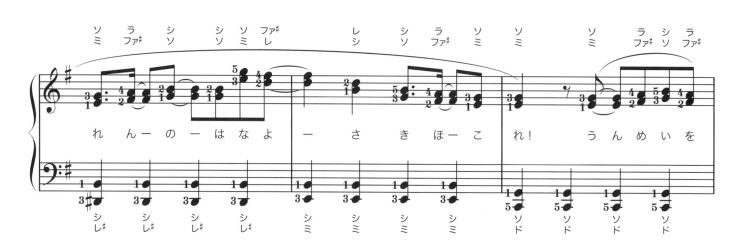

めざせポケモンマスター

作詞：戸田昭吾　作曲：たなかひろかず

- サトシとポケモンたちが活躍するテレビアニメ『ポケットモンスター』の初代放送当時のオープニング主題歌です。短調(暗い雰囲気)から長調(明るい雰囲気)に転調します。

演奏のポイント

- 短調の部分のメロディーがすこしむずかしいので、もとの曲を聞いてから練習してください。左手の和音が上下に動きますから、音をはずさないようにしましょう。

この曲の最初の音

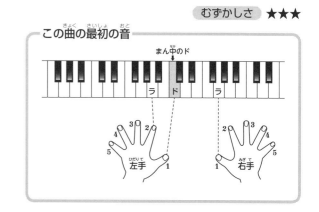

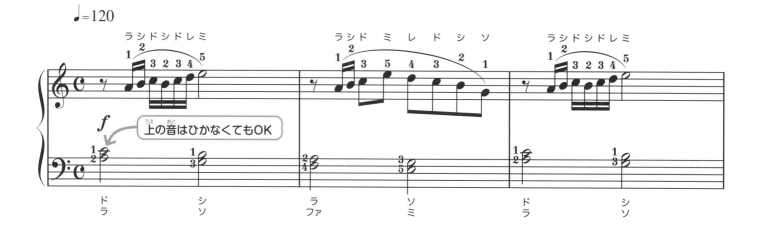

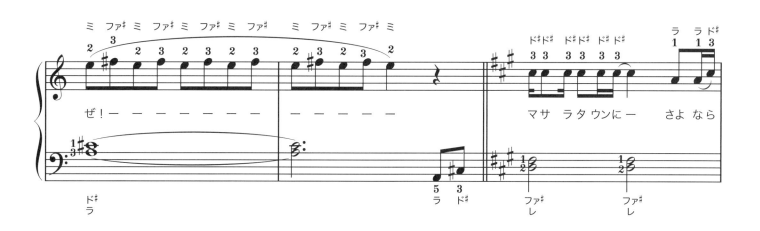

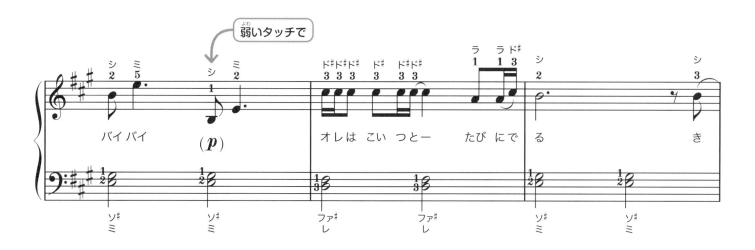

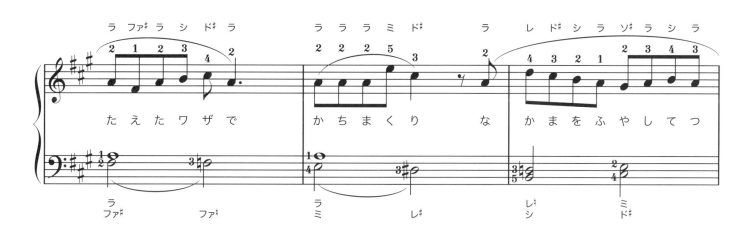

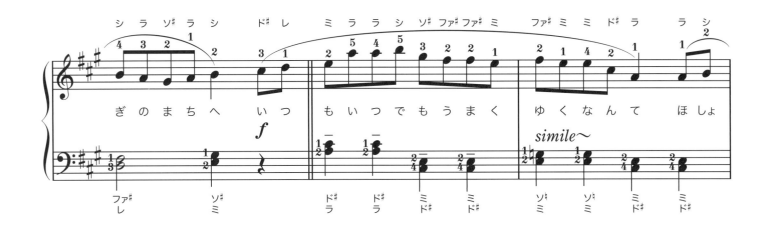

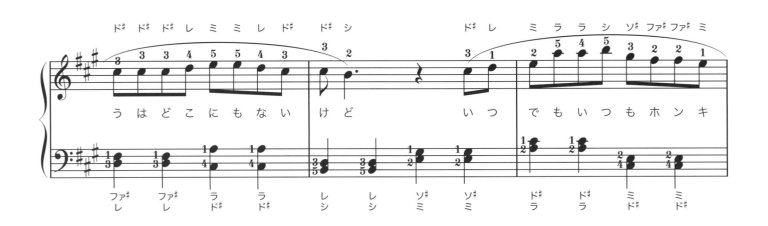

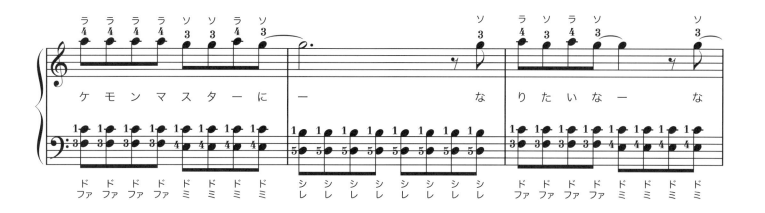

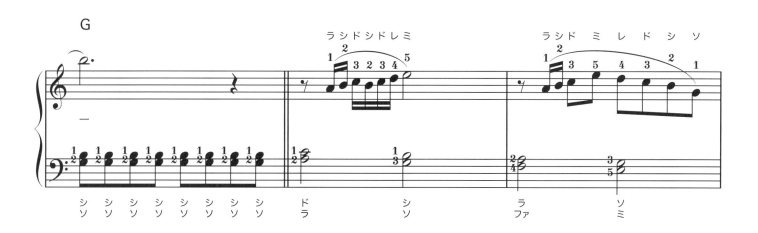

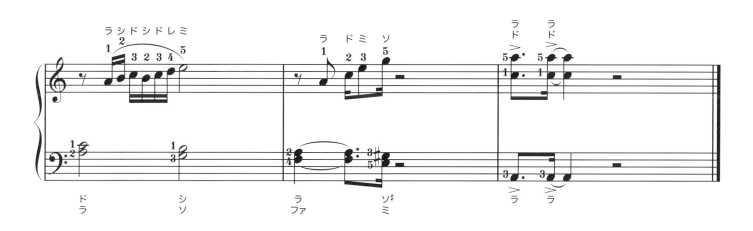

エビカニクス

作詞・作曲：増田裕子

むずかしさ ★☆☆

- 子どものための歌やふりつけをつくるユニット、ケロポンズの曲で、作詞・作曲はメンバーの増田裕子さん（ケロちゃん）が担当しています。エビとカニのふりつけで、とてもたのしい曲になっています。

演奏のポイント

- メロディーは1つひとつ強いタッチでひいてください。「タップ」のところは足でかるく床を鳴らすといいでしょう（手拍子でもいいです）。

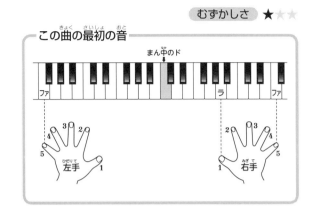

エビもカニも　こう　かくるい　みためはとっ　ても　グロテスク　にっ ぽん じん なら

だい すきさ　ほら　むきむきプリプリ　おどろうー　エ ビ

床・手拍子など自由に

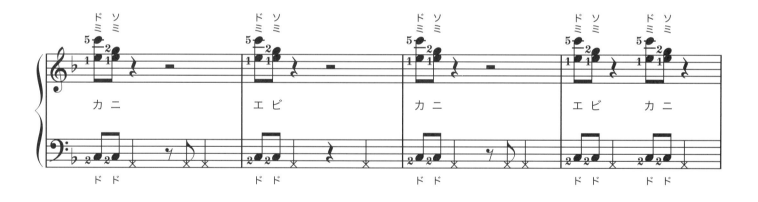

カ ニ　エ ビ　カ ニ　エ ビ　カ ニ

グリッサンド(音を切らずになめらかにひく)は
省略してもよいです

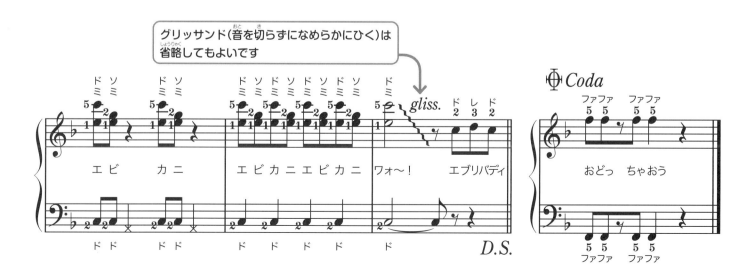

エ ビ　カ ニ　エ ビ カ ニ エ ビ カ ニ　ウォ〜!　エブリバディ　おどっ ちゃおう

gliss.

Coda

D.S.

ピタゴラスイッチ オープニング・テーマ

作曲：栗原正己

むずかしさ ★★☆

● NHK Eテレで放送されている幼児向け番組のオープニング曲です。もとの曲はリコーダーの合奏で演奏されています。

演奏のポイント

● メロディーの動きがはやいですが、しっかりと短く切ってひきましょう。装飾音符(小さく書かれた音符)はむずかしいようでしたら、はぶいてもいいでしょう。

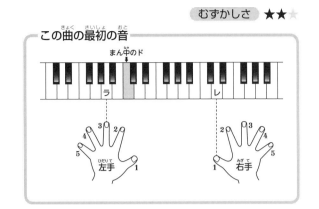

この曲の最初の音

装飾音符はひかなくてもOK

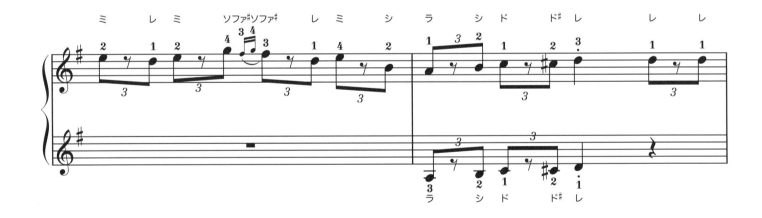

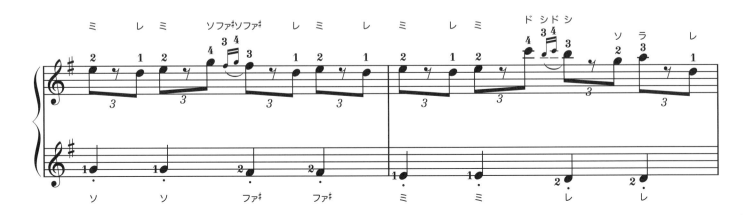

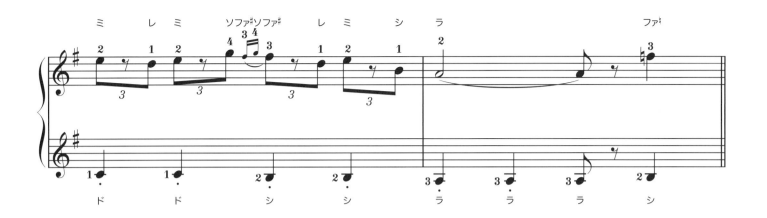
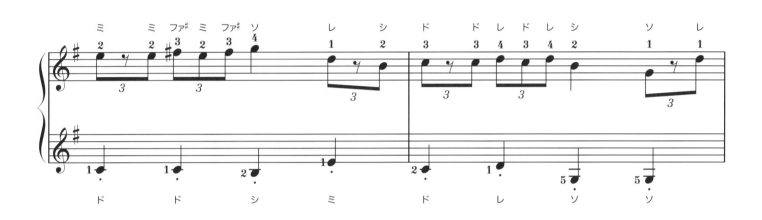
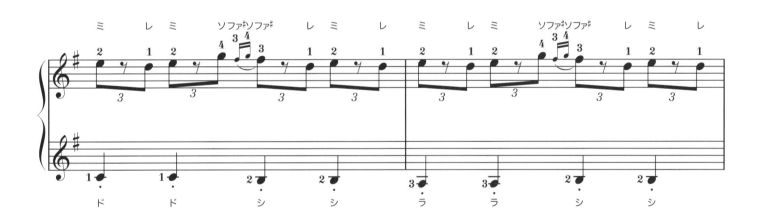
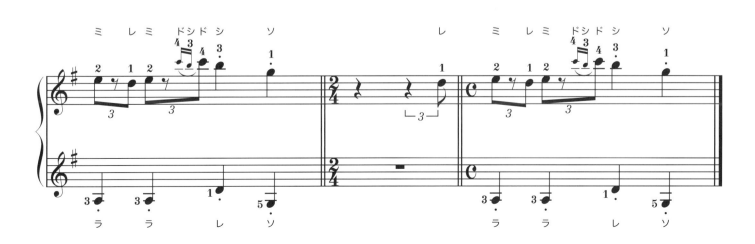

パプリカ

作詞・作曲：米津玄師

むずかしさ ★★☆

● NHK「2020応援ソングプロジェクト」のために米津玄師さんがつくった曲です。混声ユニットのFoorinが歌っていますが、米津さん本人が歌うバージョンもあります。ダンス動画がたくさん投稿され、とても話題になりました。

演奏のポイント

● きれいに歌うようにひいてください。中間部の伴奏がすこし大変ですので、がんばって練習しましょう。

この曲の最初の音

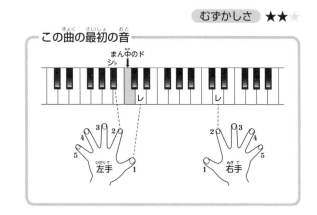

♩=102

二重音の上の音はひかなくてもOK

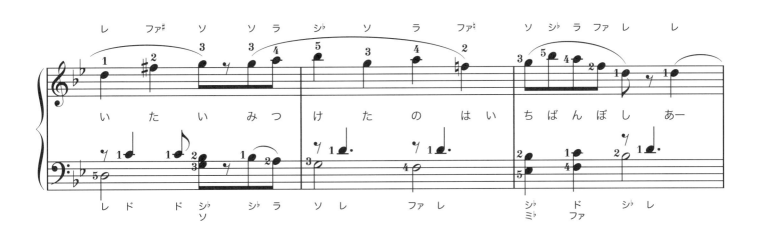

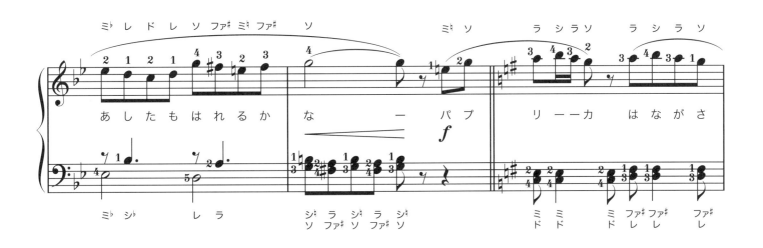

89

ラ シ ラ ソ　ラ シ レ シ ミ レ ラ シ　シ ミ レ ミ ソ ラ シ

ル ー ー ヤ　ゆ め を え　が い た な ら　こ こ ろ あ そ ば せ

ミ ミ　ミ ファ# ファ# ファ#　ファ# ファ# ファ# ソ シ ファ#　ソ ソ　ソ ラ ラ ラ
ド ド　ド レ レ レ　レ レ レ　　　　ミ ミ　ミ ド# ド# ド

ラ ソ ミ レ ミ ソ ソ　シ ミ レ ミ ソ ラ シ ラ ソ ミ レ ミ ソ ソ

あ な た に と ど け　か か と は ず ま せ こ の ゆ び と ま れ

mp

ミ ファ# シ シ　ソ ラ　ミ ファ# シ
ド レ ソ ソ　ミ ド#　ド レ ソ

世界に一つだけの花

作詞・作曲：槇原敬之

むずかしさ ★★★

● ジャニーズのアイドルグループSMAPの曲で、草彅 剛さんのドラマの主題歌にもなりました。「人はみな個性があって、それぞれがいっしょうけんめいに生きていけばいい」という思いがこめられています。

演奏のポイント

● 左手の伴奏がすこしむずかしい（2分音符をのばしながら4分音符をきざむ）ので、タイミングをしっかりあわせてください。メロディーの6度奏（ミとド、レとシなど6つ音階がはなれている二重音）も、おなじようにそろえてひきましょう。

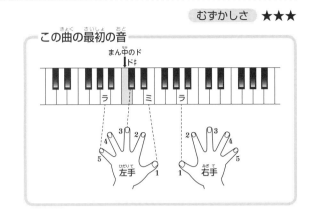

この曲の最初の音

♩=98

三重音は下の2つの音だけでもOK

下の音はひかなくてもOK

4分音符とおなじようにきざんでもよい

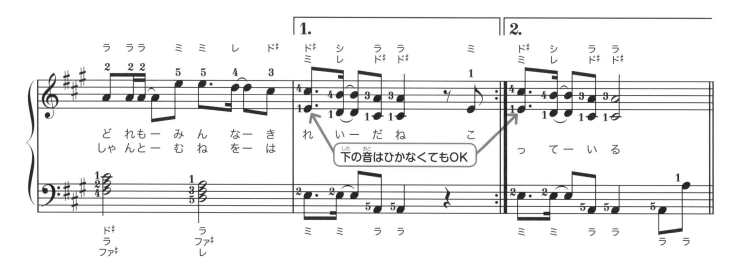

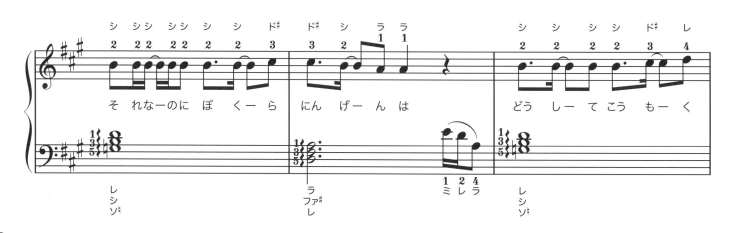

下の音はひかなくてもOK

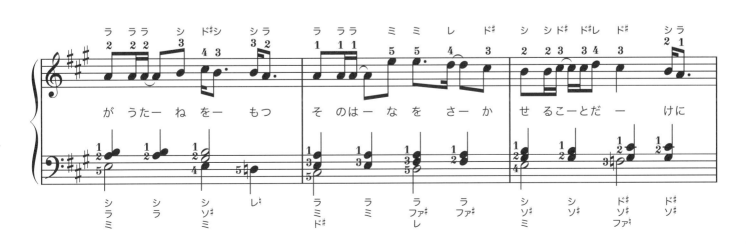

いっしょーう けん めーいに　なればーいい

● お ● わ ● り ● に ●

いろいろな音楽がギッシリとつまった本になりました。

かんたんな曲でもサッとおわらないで、音楽の表情が充分に出せるように、ていねいに練習しましょう。

むずかしいと思った曲でも、ゆっくりとくり返し練習すれば、いつか、かならずひけるようになります。

そして、もっと高度な曲集にすすんだときも、ぜひふり返って、この本の曲をひいてみてください。

Inapiyooon !!

稲垣千章

〈著者略歴〉

稲垣千章（いながき・ちあき）

作曲・編曲家。通称"いなぴょん"。
ヤマハピアノテクニカルアカデミー卒業。ヤマハ音楽教室講師を経て、現在は作編曲、講師や上級者の育成、指導用楽譜の制作などを手がける。著書に、『稲垣千章(いなぴょん)のもっと実践アンサンブル・アレンジ』、共著に、『楽しくひける世界のうた ベスト・コレクション』『ディズニー・セレクション』(以上、ヤマハミュージックエンタテイメントホールディングス)など多数。また、自身プロデュースのコンサート等も開催している。

楽譜浄書・組版・本文デザイン　株式会社ライトスタッフ
装幀　　　　　村田　隆(bluestone)
装幀イラスト　おおたきょうこ
本文イラスト　井上コトリ

日本音楽著作権協会(出)許諾第 2200786-307 号

おうちでレッスン♪
いちばんやさしい「子どものピアノ」

2022年3月31日　第1版第1刷発行
2023年10月9日　第1版第7刷発行

著　者　稲垣千章
発行者　村上雅基
発行所　株式会社PHP研究所
　　　　京都本部 〒601-8411 京都市南区西九条北ノ内町11
　　　　〔内容のお問い合わせは〕暮らしデザイン出版部 ☎075-681-8732
　　　　〔購入のお問い合わせは〕普 及 グ ル ー プ ☎075-681-8818
印刷所　図書印刷株式会社